DICIONÁRIO GASTRONÔMICO

Vinho

COM SUAS RECEITAS

Jezebel Salem

Receitas de
Christian Formon

Editora Boccato Ltda. EPP
Rua dos Italianos, 845 - 01131-000
Bom Retiro - São Paulo - SP
Tel.: 11 3846-5141
www.boccato.com.br

Editora Gaia Ltda.
(pertence ao grupo Global Editora e Distribuidora Ltda.)
Rua Pirapitingui, 111-A - Liberdade | CEP: 01508-020
São Paulo | SP | Brasil | Tel. (11) 3277-7999
www.editoragaia.com.br - gaia@editoragaia.com.br
Nº de Catálogo: 3273

Edição: André Boccato
Coordenação Editorial: Rodrigo Costa
Coordenação de Produção: Arturo Kleque Gomes Neto
Revisão de textos: Guilherme Carmona / Maria Paula Carvalho Bonilha
Revisão das Receitas: Aline Maria Terrassi Leitão
Fotografias das Receitas: Cristiano Lopes
Produção Fotográfica: Airton G. Pacheco
Diretor Comercial: Luís Otávio Fernandes
Marketing: Joseane Cardoso
Colaboração: Dorian Calado / Fábio Pereira / Gisele da Silva Ferreira / Luis Henrique / Maria do Carmo / Rita de Cassia
Consultor Técnico: Ennio Federico

Editora Gaia Ltda.
Diretor Editorial: Jefferson L. Alves
Diretor de Marketing: Richard A. Alves
Gerente de Produção: Flávio Samuel
Coordenadora Editorial: Arlete Zebber
Assistentes Editoriais: Elisa Andrade Buzzo e Julia Passos

Projeto gráfico, arte, diagramação e tratamento de imagem:
Pingo No I - Comunicação & Design
Direção de arte: Eduardo Schultz e Denio Banck
Diagramação: Wellington Paiva e Adriana Negrelli

Copyright © Editora Boccato

CIP-BRASIL. Catalogação na fonte
Sindicato Nacional dos Editores de Livros, RJ

```
S155v

Salem, Jezebel
    Vinho: dicionário gastronômico com suas receitas / Jezebel Salem;
receitas de Christian Formon. - São Paulo : Gaia : Boccato, 2012.


    ISBN 978-85-7555-310-7

    1. Culinária (Vinho). 2. Vinho e vinificação - Dicionários. 3. Culinária
- Receitas. I. Formon, Christian. II. Título.

12-8250                                         CDD: CDD: 641.62203
                                                CDU: 641.87(038)
```

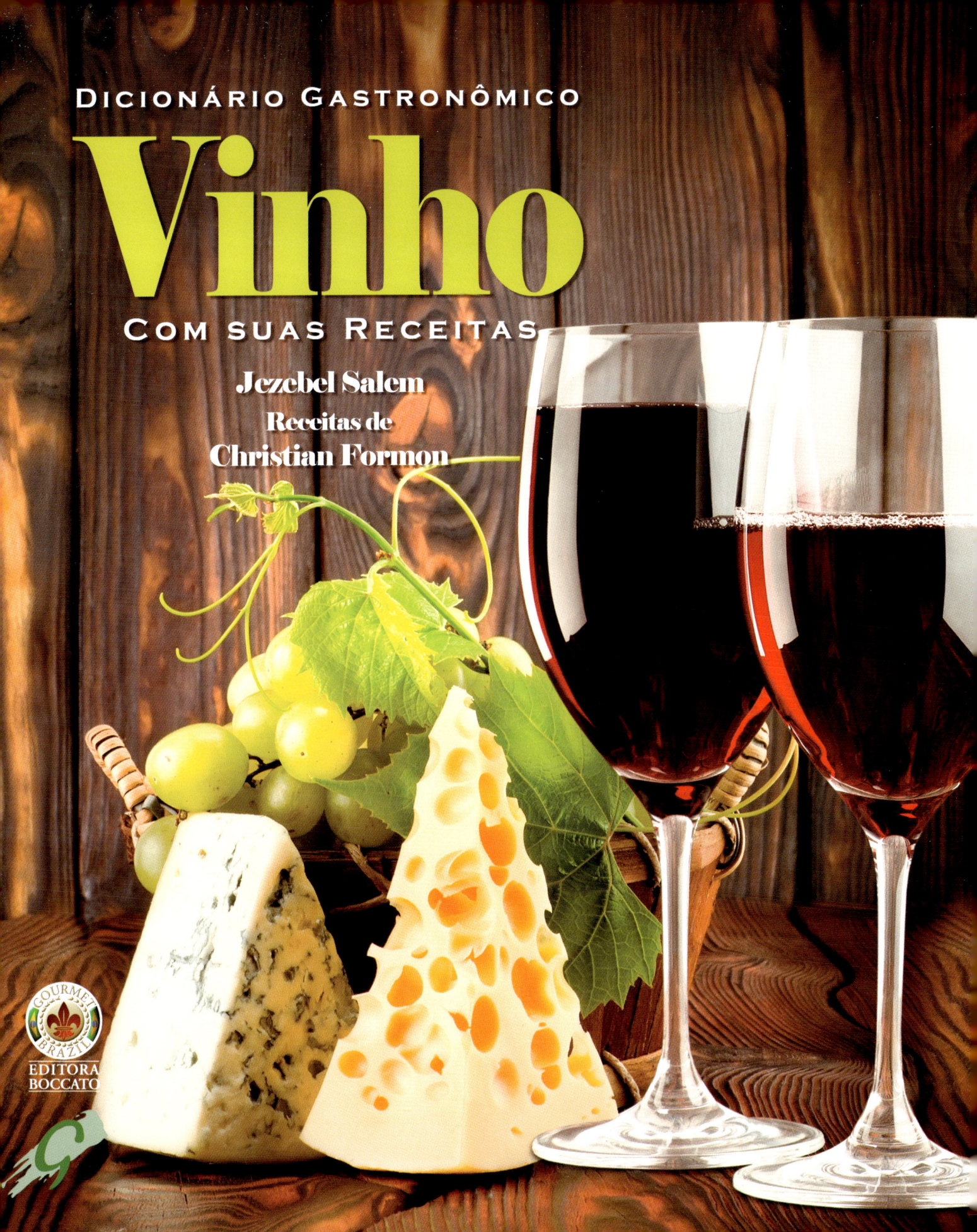

Um brinde...

Finalmente, um convite relevante, uma viagem para saciar a curiosidade dos amantes do vinho e da gastronomia.
O leitor é o convidado de gala para passear neste universo de descobertas.
O vinho como arte, técnica, estilo, gosto, filosofia de consumo, busca e conhecimento são as melhores razões para, junto com a comida bem feita, produzir a excelência do prazer à mesa.

Em conjunto, a Jezebel e o Christian, conseguiram com dedicação e emoção (e sem os desnecessários pedantismos que costumam intimidar aos principiantes ou amadores no assunto) proporcionar, na leitura e na prática, um gostoso manual de boa conduta do bem-viver.

Num mundo onde ainda, e graças a Deus, o vinho e a comida são feitos por famílias, onde o que conta é o talento e a sensibilidade humana, muito além das tecnologias ou escala de produção, o leitor é convidado, com muito respeito, a colocar... ''a mão na massa'' e a ''boca no copo'', com a delicadeza e a moderação que convém.

Salutissimi di tutto cuore!!!

Saudações gastronômicas e gourmets!!

Massimo Ferrari

Os autores

Jezebel Salem

Jornalista por profissão, atuou em áreas diversificadas, como cultura e economia, mas logo se especializou no hoje chamado jornalismo gastronômico. Foi repórter e redatora em vários canais da imprensa, como os jornais O Estado de São Paulo, Gazeta Mercantil, Shopping News, Jornal da Tarde, entre outros, inscrevendo-se entre os pioneiros desta especialidade que, ao longo dos últimos 25 anos, tanto espaço e entusiastas conseguiria conquistar. Participou das primeiras edições da revista Gula (surgida no início dos anos 90), e assinou artigos em várias publicações do gênero.

"Sou testemunha do então afluente jornalismo gastronômico, expressão que ajudaria a impulsionar esse novo mercado, que hoje movimenta importante setor da economia e todos os serviços no âmbito da alimentação, como nunca se ousara imaginar que aconteceria no Brasil". Jezebel fez parte deste alvorecer da comunicação voltada à cultura do paladar: tempos em que a histórica e pioneira revista "Gourmet" (1986-1990) estava dando seus primeiros passos, enquanto revelava nomes que até hoje são porta-vozes do assunto – de Josimar Melo, J. A. Dias Lopes a Nina Horta; de Arnaldo Lorençato, Ricardo Castilho ao saudoso Saul Galvão; de Carlos Cabral a Manoel Beato, entre tantos outros que se sucederam.

O vinho, por ser o coadjuvante (ou protagonista?) mais indispensável no cenário de quaisquer *gourmandices*, esteve sempre de corpo, alma e conhecimento presentes em seu currículo. Este livro vem a ser a prova final de uma longa e apaixonada maturação.

Christian Formon

Christian Jean Marie Formon nasceu em Cholet, região do Vale do Loire, possuindo uma sólida formação em hotelaria pela "Institution Saint Anne Ecole Hoteliere". De descendência aristocrática, a família de Christian já se dedicava à hotelaria, utilizando o belo castelo de residência da família para recepções e eventos.

Antes que o Brasil entrasse definitivamente em sua vida, o jovem Christian Formon queria ser independente e se fortalecer na carreira, indo trabalhar em vários restaurantes na França, como L'Auberge de la Foret, Chez Pento, Calvet, Elysée Matignon. Vivenciou ainda a direção da cozinha do El Barroco, em Ibiza, Espanha.

Em Janeiro de 1988, desembarcou para uma temporada em São Paulo, contratado para ser o primeiro chef de cozinha do restaurante Le Bistingo, onde ficou até final de 1989, seguindo para o restaurante L'Arnaque, um dos tops dos anos 90, na rua Oscar Freire, também em São Paulo.

Foram tempo e experiência suficientes para se encantar pelo novo país, conhecer sua esposa e também seu futuro sócio e cunhado, Felipe Siqueira. Logo no primeiro mês de 1996, os dois inauguraram o Buffet Christian Formon – e já com referências de porte do então presidente da França, Jacques Chirac, e recepções para o príncipe da Bélgica, em sua novata carteira de clientes.

Desde então, não pararam mais de crescer e solidificar uma marca que é sinônimo de festas em grande estilo. Estilo que pode ser resumido como um clássico impecável, que não faz concessão a modismos nem a frugalidades. Já foi premiado como o melhor chef banqueteiro do Brasil pela imprensa especializada. Seu prestígio não cansa de ser confirmado pelas empresas mais graduadas, e pelas festas de casamento mais comentadas de São Paulo e de outras cidades.

Sumário

A história do vinho 11	Envelhecimento 58
Dicionário do vinho 29	Fermentação 59
Açúcar 30	Frisante 59
Acidez 30	Fortificado 60
Álcool 31	Frascati 60
Arte da vinificação 32	Furmint 60
Aromas 33	Garrafas do vinho 61
Adega 33	Garage (Vin de garage) 62
Barrica 36	Graves 62
Brancos 37	Gavi di Gavi 62
Brancos Notáveis 38	Guarda do vinho 62
Brandy 39	Granizo, geada e outras tempestades 63
Botrytis cinérea 39	Harmonização 66
Castas de uvas 40	Hermitage 67
Champagne 42	Haut-Médoc 67
Celebridades do Mundo do Vinho 43	Idade Média 70
Clima e Microclima 47	Identificando os rótulos 70
Crus - Grand Cru, Premier Cru e outros… 50	Ice Wine 71
Degustação 52	In Vino Veritas 72
Decanter 53	Islamismo 72
Denominação de Origem 54	Jerez de la Frontera 73
Dolcetto 54	Jovem 73
Douro 54	Jura 73
Enólogo e Enófilo 56	LBV 76
Enogastronomia 56	Lambrusco 76
Espumantes 57	Limoux 76

Loire 77	*Sauternes* 110
Lojas especializadas 77	*Serviço do vinho* 111
Madeira (o vinho) 79	*Setúbal* 112
Málaga 79	*Solo* 112
Mercado mundial 80	*Sopas a Sobremesa de chocolate*
Mercado nacional 80	*(e a polêmica harmonização com vinho)* 113
Minervois 81	*Taças* 114
Montepulciano 81	*Temperaturas (para servir)* 114
Napa Valley 82	*Terroir* 116
Nebbiolo 82	*Tokaji* 116
Nero D'Avola 83	*Toro* 116
Novas tecnologias 83	*Untuoso* 118
Orgânico 86	*Ullage* 118
Orvieto 87	*Uvas típicas* 118
Ostras (e champagne!) 87	*Vindima* 120
Oxidação 88	*Vinho do Porto* 120
Países produtores 90	*Viticultura* 124
Novo Mundo 93	*Viura* 124
Qualitästswein 104	*Xerez* 126
Queijos & vinho 104	*Zinfandel* 128
Resfriar (o vinho) 106	*Zweigelt* 128
Reserva 106	*Zibibbo* 128
Restaurantes 107	*As receitas de Christian Formon* 132
Rolhas 107	
Rosé 108	
Saúde 110	

A história do vinho

as vinhas do Olimpo ao mercado global
- ou a perpetuada expansão de uma contagiante dádiva dos deuses -

"A tragédia conta acerca das mães do ser, cujos nomes são: loucura, vontade, sofrimento. Sim, acreditem na vida de Dioniso e no renascimento da tragédia! O tempo do homem socrático já passou: façam e usem coroas de hera, peguem nas mãos o bastão de Tirso e não se espantem se o tigre e a pantera se deitarem carinhosamente a seus pés. Agora tentem ser seres da tragédia, pois deverão ser salvos. Vocês devem levar o cortejo dionisíaco da Índia para a Grécia! Vistam as armaduras para enfrentar árduas batalhas, mas acreditem nos milagres do seu deus!"

F. Nietzsche

Todas as mitologias de civilizações remotas, criadas pelo homem como tentativa de explicar o mundo, a própria trajetória e condição humana neste mundo – de natureza incompreensível e ameaçadora, sempre oscilando entre o sublime e o infame – todas elas, tornavam sagrados e atribuíam a forças superiores, divinas e invisíveis, os fenômenos incontroláveis a que se sujeitam as leis da vida.

Uma dessas leis, a sobrevivência, feita de vida alimentada de outra vida, conduziu esse homem do nomadismo até sua fixação em terrenos agricultáveis. Logo, a vinha tornou-se um dos primeiros símbolos das civilizações assentadas na agricultura; assim como, também, a bebida que dela se obtinha. Com seus efeitos de bem-estar, euforia e "transcendência", fez-se um inequívoco elo entre o sagrado, o extraordinário e o humano, um veículo ou comunicação entre o homem e o divino. Como se pode concluir (e achados arqueológicos atestaram), esta ligação atravessa milênios: parece

que a humanidade bebe vinho há mais ou menos sete mil anos – e atribui suas causas e consequências, gloriosas ou não, ao capricho dos deuses...

Heródoto, no séc. V a.C., relata que, ao redor de todo o Mediterrâneo Oriental, já se fazia vinho há pelo menos 3 milênios, e que da bacia de Anatólia os fenícios o levavam até a Grécia, Sicília e Ibéria. Não é de se estranhar que essas primordiais culturas atribuíssem aos deuses a origem e a dádiva de tal bebida. Mesopotâmia, Pérsia ou Fenícia, o Egito, a Grécia, e depois Roma, todas são civilizações plenas de lendas, com seus deuses que, entre outras benesses, entremeadas dos tormentos de praxe, doaram a videira e ensinaram o vinho ao homem. Até mesmo os hebreus com o advento do monoteísta judaísmo, e mais tarde seguidos do cristianismo, não deixaram de se servir do poderoso simbolismo da videira e do vinho, até como representação do sangue da divindade em pessoa, e da própria vida.

Com um histórico e uma biografia destas, ao menos do ponto de vista mítico, e até filosófico-teológico, não há como escapar: estamos mesmo diante de uma bebida literalmente divina! E mesmo nos dias atuais, em nosso materialista e prosaico mundo pós-modernidade, ainda faz todo o sentido referir-se a este ou àquele vinho, recém-descoberto na revista Wine Spectator, ou pelo site, ou na loja virtual da importadora de sua confiança (e degustado com todas as reverências e prazeres que tais vinhos modernos são capazes de despertar), como "um vinho dos deuses"! E ainda exclamar: "per Bacco!"...

E falando em Baco, e para resumir toda a galeria de deuses que se dedicaram ao fundamental artigo – essa divindade, que na mais poderosa civilização da antiguidade, a romana, substituiu a Dionísio, aquele da célebre constelação mítica dos gregos antigos – ele ajudou, e muito, a humanidade a se afastar de suas mazelas cotidianas, além de reuni-la em festivos e solidários eventos de alegria, cantos, folguedos, teatro e muita arte, como poucos haviam conseguido. E fica claro que o vinho, artigo de sua competência, tinha tudo a ver com isso. Pena que o triunfo, ao final, ficou todo com seu antagonista, Apolo – e que nossa civilização atual seja absolutamente fundamentada nesta cinzenta disciplina apolínea...

Mas, considerações filosóficas à parte, o fato é que Dioniso/Baco, além de deus libertador pela embriaguez e pela transcendência – movida a uvas fermentadas, é verdade – representava não apenas o lado criativo, vibrante e gregário da humanidade, como também o aspecto da renovação permanente da vida e da fertilidade, da Natureza em seu ciclo das estações. Durante os famosos cortejos a Dioniso, celebrados ao final do inverno ou com a chegada da primavera, multidões de anônimos sentiam-se mais próximos aos deuses, cantando, seguindo em procissão, ao som de tambores e dançando embriagadas, enquanto os cântaros eram constantemente abastecidos de vinho, em meio à algazarra de berros e instrumentos musicais...

A cena é até que familiar ao brasileiro contemporâneo – porque quis Dioniso, ou Momo, que a tradição chegasse até aqui, pontualmente, lá por meados de fevereiro. Per Bacco!

Aquelas festas, no Santuário de Delfos, a partir de 582 a.C., duravam igualmente quatro dias e quatro noites. A partir do segundo dia, a bebedeira era generalizada, quando escravos, miseráveis, mulheres e até crianças, todos comungavam do desenfreado frenesi comunitário. Jogos de máscaras, ditirambos, cantos e representações satíricas e cômicas, tudo acontecia. É tudo verdade – e documentado pelos célebres historiadores da antiguidade greco-romana, para quem quiser ver.

Os donos do mundo – e do vinho

Transferindo-se a Roma, o culto a "baca" – palavra latina que designava uva – arrebatou muitos adeptos e principalmente adeptas, as bacantes; mas também se ganhou em liberalidades, loucuras e orgias, perdeu no que possuía de espiritualidade e senso artístico, quando na Grécia. Parece que diante de completa liberdade – e vinho à vontade –, aquelas sociedades não sabiam se comportar à altura, e os excessos e violências se tornaram incontroláveis, a ponto de o Senado romano decretar a proibição da folia "Bacchanalibus", em 186 antes da era cristã.

Mas se a folia desenfreada havia sofrido certa vigilância, o fato não significava que o Império romano tenha ficado mais sóbrio, ou que o comércio do vinho entre suas distantes províncias declinaria – muito pelo contrário. A viticultura sempre foi de capital importância para a civilização

dos romanos que, assim como outros traços culturais, ao início foi importada e aprendida dos gregos e, num segundo momento, é por eles super desenvolvida, otimizada em todos os aspectos. A literatura sobre o assunto é ampla, sendo fartamente documentada (e, graças a esses escritos latinos, após o declínio do poderio romano, os monges que deles se cercaram puderam reerguer tudo o que os romanos haviam legado): são tomos e mais tomos de autores latinos se debruçando sobre minúcias em relação a técnicas de cultivo da vinha, tipos de poda, colheita, prensagem, armazenamento, envelhecimento do vinho, etc.

Eles foram tão bons na agronomia da vinha que os modos de cultivo desenvolvidos por esses romanos permaneceram os mesmos, e sem grandes novidades, quase que até o início do século passado! Não é de se espantar, em se tratando de um povo cujos intelectuais registravam, em alto e bom latim, considerações tais como: "Se me perguntarem qual entre os bens da terra vem em primeiro lugar, eu direi que é a vinha" - escreveu Catão; ou como assegurou Columela: "Consideramos, por ser justo, a vinha acima de quaisquer outras espécies".

A vinha também deu bons motivos a belicosas contendas dos romanos dentro das novas províncias conquistadas, a ponto de Júlio César se ver obrigado a empreender mais algumas de suas guerras, lá pelos lados do Ródano, na Gália, contra uma população local de camponeses e rebeldes incivilizados, que vinha demonstrando um entusiasmo exagerado em relação a todo aquele vinho que por lá trafegava – cobrando impostos absurdos ou retendo para consumo próprio aquela mercadoria de seu interesse. Há registros de que a vinha gaulesa se expandiu de tal maneira que passou a concorrer com os vinhos de Roma, a ponto de o imperador Domiciano, no ano 92 da era cristã, ordenar a devastação de mais da metade das plantações nas províncias da Gália e proibir novos cultivos, a não ser em propriedades de colonos romanos.

O fato é que esses gauleses haviam trocado com muito afã a desbotada cerveja celta pelo vinho dos romanos, com altos índices de consumo e ainda preterindo qualquer outro tipo de agricultura, como a do trigo, para se ocuparem apenas dos vinhedos. Não raro, são por isso descritos pelos historiadores latinos com palavras nada enaltecedoras – de beberrões inveterados à "raça ávida por vinho, e em estado de embriaguês permanente". Ademais, os romanos sempre misturavam água ao vinho antes de bebê-lo, mas, para seu horror, os 'bárbaros' da Gália só bebiam-no puro! Não demora muito e, por quase todo o território da Gália, irá crescer uma vasta plantação de videiras, e eles passarão a produzir seu próprio vinho, livrando-se da importação romana.

A solidez de líquidas alianças etílico-políticas

Graças a esse ardor gaulês pela bebida de Baco, as populações de localidades como Bordelais, Lutécia (Paris), Loire, Lyon e Marselha, ainda nos tempos da dominação de Roma, e entre um pileque e outro, conseguiram desenvolver técnicas de agricultura; com muita arte e engenho, experimentaram e aprimoraram novas castas de uva, inventaram variações aromáticas e saborosas, misturando ervas, plantas e especiarias ao vinho, e ainda criando novas maneiras de conservar e transportar vinhos. Estes gauleses aprimoraram seus antigos tonéis de madeira para cerveja e, no séc. III, eles irão aposentar de uma vez o "dolia", os grandes jarros de cerâmica que armazenaram e transportaram o vinho ao longo de toda antiguidade.

Daí em diante, o mundo irá assistir ao crescimento mercantil e a uma poderosa cadeia de produção do vinho pelos solos da Gália, e que trará na dianteira os descendentes daqueles "beberrões" e "mal comportados" gauleses, sempre dispostos a um brinde a mais, como também a constantes aprimoramentos na vitivinicultura, num grau em que o mundo jamais havia visto até então.

No período seguinte, quando a Europa mergulha na Idade Média, esse aprumo se recolherá para a horta e para os quintais dos mosteiros da cristandade, quando o clero concentra não só a cultura letrada da época, mas igualmente os melhores prazeres da vida terrena – entre os quais, naturalmente, a confecção e o consumo de um vinho de boa categoria. O comércio da bebida também passa

pelas mãos administrativas do alto episcopado, entre cobranças de taxas e dízimos, muitas vezes em colheitas de uvas que os camponeses eram obrigados a ceder. É nessa época que um certo ducado de Orléanais, na Bourgogne, começa a se destacar pelo cultivo de uma cepa de uva, denominada por eles de Pinot.

Até o séc. XIV, o mundo ocidental assistiria a um prodigioso crescimento populacional, enquanto o mercado do vinho se amplia igualmente, pois a bebida passa a ser consumida por diversas categorias sociais, e não apenas entre os abastados nobres e o clero. Contam os registros históricos que somente a cidade de Paris, no séc. XV, apresentava perto de 250 tavernas, estabelecimentos públicos onde o mais comum dos mortais podia se divertir a valer na companhia de generosas jarras de vinho.

É claro que o restante da Europa ocidental também se regalava com notável crescimento na cultura da vinha Porém, com maior ou menor discrição, países como Espanha, Portugal e Itália não eram expressivos no comércio e consumo de vinho tal

qual a França – e só entrarão no cenário mercadológico quando as potências do comércio intra e além-mar, a Inglaterra e a Holanda, passarem a ditar e alterar as regras do jogo.

Relevância econômica e política

O século XVII dará aos Países Baixos (com a Holanda dominando o comércio da era colonial) a hegemonia do mercado de vinhos na Europa.

O trunfo da marinha mercantil holandesa, com suas embarcações mais leves, ágeis e com capacidade de transporte bem superior a dos navios ingleses, alterou antigos hábitos deste comércio. As classes mais privilegiadas do norte europeu já haviam passado a consumir vinhos, produto que, de modo geral, era proveniente do porto francês de Bordeaux. Os holandeses, aos poucos, foram superando os concorrentes ingleses no tráfego da bebida pelo continente, e chegaram mesmo a superar os próprios ingleses quanto ao abastecimento do vinho que entrava pelos portos britânicos. Na tentativa de deter o domínio holandês, os governos da França e da Inglaterra adotaram algumas medidas drásticas e protecionistas que, por fim, resultaram numa interminável sucessão de guerras entre os três envolvidos.

Combate naval entre espanhóis e holandeses (séc. XVII)

A consequência mais notória foi a diversificação do mercado, com a busca por novos produtores e fornecedores do vinho – e que ficassem bem distantes das taxas e batalhas cambiais entre ingleses e franceses: a Península Ibérica passou a ser a bola da vez. Lembrando que os mercadores holandeses já haviam inventado aquele recurso de adicionar aguardente nos tonéis de transporte, como também processos de destilação, tudo para prolongar a conservação do vinho durante as longas viagens e que, graças a tais recursos, surgiriam também novos mercados derivados. É quando tem início a era de ouro para os vinhos tipo Jerez, Málaga e outros vinhos fortificados espanhóis, bem como a consagração daquele tipo de vinho licoroso, que era cultivado nas cercanias do rio do Douro e preparado com todo zelo e requintes na cidade do Porto, em Portugal – e que tanta influência terá no desenrolar da História, envolvendo alianças entre Portugal, Inglaterra e até a nós, na distante colônia do Brasil.

Nos séculos seguintes, já por meados do século XVIII, a Holanda sairá de cena, permitindo ao fortalecido Império Britânico liderar novamente o comércio dos vinhos. Nunca é demais lembrar que os britânicos, desde então, contribuíram notoriamente para fomentar a indústria vinícola, não apenas na qualidade de mercadores e distribuidores da bebida (o caso dos holandeses), mas como infatigáveis consumidores, tanto dos vinhos da França (incluindo o Brandy, ou o Cognac – outra "invenção" dos mercadores holandeses), bem como das especialidades vinhateiras de Portugal, o vinho do Porto – a ponto destes ingleses terem sido fundadores, ou administrarem muitas das vinícolas de Vinho do Porto. O tratado firmado entre o Parlamento inglês e as Cortes de Lisboa, em 1703, é bem explícito: "Sua sagrada majestade real britânica, em seu próprio nome e de seus sucessores, será obrigada para sempre, daqui em diante, a adquirir

os vinhos de Portugal, de sorte que em tempo algum – haja paz ou guerra entre os reinos da França e da Inglaterra – não se poderá exigir Direitos de Alfândega dos vinhos de Portugal". O resto desta história todo mundo sabe – ou pelo menos, entre nós brasileiros, deveria ser lembrada: Portugal fez uma longa aliança com o Reino Unido. Por um lado, tornou o vinho do Porto uma mercadoria de muito prestígio e valor. Por outro, teve o domínio sobre o fornecimento de manufaturados (a lã e os

tecidos ingleses deveriam gozar de exclusividade no Reino de Portugal e colônias), e ainda uma cobertura e proteção militar que custariam à Coroa portuguesa o esvaziamento dos tesouros de todo o minério explorado na colônia brasileira.

Enquanto isso, ou concomitantemente, alguns comerciantes ingleses mantinham os olhos atentos nos antigos vinhedos de Bordeaux, que já desde a Idade Média vinham se dedicando ao cultivo e à produção de um vinho tinto, jovem, leve e sem grandes pretensões, mas que era do agrado do

paladar inglês, os claretes. Aliás, é desde os tempos dos Cavaleiros do Rei Arthur que os anglo-saxões despontaram como os fiéis fregueses dos vinhos feitos na França, que chegavam de Cahors e Moissac, mas também, já no século XIV, saíam dos portos de Bordeaux, antiga Aquitânia, diretamente para as docas de Londres.

Tal afinidade entre comerciantes ingleses e produtores de Bordeaux teve como resultados posteriores uma incrível evolução na qualidade e recursos da vinicultura local, e o surgimento dos míticos "Crus" daquela região. E nomes emblemáticos, como Château Margaux, Haut-Brion, Château Lafite e Château Latour merecem creditar parte da sua glória (e a supercotação de preços que seus vinhos foram alcançando no mercado mundial) ao engenho e ao interesse daqueles comerciantes pioneiros do outro lado do Canal da Mancha – como no exemplo do irlandês Thomas Barton que, em 1722, se instalou em Bordeaux, fundando a casa de comércio e exportação de vinhos Barton et Gustier, desde então muito atuante e de alta reputação até os dias de hoje. Por sinal, os ingleses seguem como os principais compradores dos vinhos da França, mesmo quando esses fiéis amantes das taças cheias, agora, em tempos de globalização, tenham ampliado seu leque de preferências e dividido as predileções de seu paladar com a torrente de vinhos modernos, que não param mais de chegar de outros continentes e de todos os cantos do Planeta.

A ex-Modernidade se encontra com a Nova Era globalizada

Após a Revolução de 1789, as áreas tradicionais da vinha irão passar por diversas modificações dentro da França – que nem por isso perderá seu posto de honra no cenário do vinho. De fato, houve uma generalização no consumo da bebida, quando o povo afoito também reivindicava pelas suas tacinhas cheias de felicidade – ainda que de um simplório vin de table. E para atender a uma demanda inédita, o cultivo das videiras se espalha furiosamente em direção ao sul onde, só na Provance, na virada para o século XIX, o número de hectares reservados às uvas se multiplica assombrosamente. A qualidade desceu na mesma proporção. Para contornar a questão, as tradicionais regiões produtoras adotam, então, os progressos tecnológicos da época, como a pasteurização (recém-descoberta pelo conterrâneo Pasteur), e ainda legislam sobre a célebre classificação dos vinhos do Médoc, pontuando os grand crus de Bordeaux em cinco categorias distintas. Tudo isso se deu em 1855 – e aquilo que lá foi erigido se mantém em pé até os dias de hoje.

O resultado, na segunda metade do século de ouro, pode ser resumido como "os melhores anos de nossas vidas", especialmente para aquele pessoal dos Châteaux, Domaines, e seus castelos magníficos, cujas construções proliferaram pelas vizinhanças, promovendo cotações vertiginosas para alguns de seus célebres vinhos e com o mercado externo, liderado pela Inglaterra, Estados Unidos e até a

Argentina, pagando o que fosse pelas preciosidades made in France. Até que as duas Grandes Guerras estremecessem, de vez, as regras do mercado.

Porém, sem esquecer que, bem antes delas, houve a famosa "peste negra" do vinho, a filoxera, um simples inseto, na forma de uma praga que contaminou e devastou quase que completamente os vinhedos de toda a Europa, em meados de 1880. Alguns anos depois, o problema seria solucionado através da enxertia com espécies de videiras oriundas da América, tornando os vinhedos europeus novamente resistentes ao flagelo e aptos a seguir o destino de glórias. Entretanto, esse mesmo chamado Novo Mundo, que havia sido a "salvação da pátria" com suas mudas não contaminadas, ainda um pouco mais adiante, ou já no vigor do século XX, viria a trazer questões bastante delicadas para o glorioso e milenarmente fundamentado mundo do vinho europeu.

Em linhas gerais, o resumo da ópera poderia ser descrito assim: a partir da segunda metade do século XX, aquele velho mapa da vitivinicultura inicia uma expansão que deixa os limites da Europa e se firma, com êxito, no chamado Novo Mundo do vinho: Américas, África do Sul, Austrália e Nova Zelândia. Vários de seus países aprenderam a fazer vinhos incrivelmente palatáveis, multiplicaram as variedades e estilos dos vinhos, aprimoraram e estabeleceram novas tecnologias, aumentaram vertiginosamente as ofertas no mercado, alteraram seus valores tornando, em última instância, o bom vinho um produto de alcance global.

Com a perda da hegemonia francesa e a relativa democratização no consumo de vinhos, agora reconhecidamente reproduzidos sob as mais abalizadas e revolucionárias tecnologias em solos e climas variados, em diversificadas faixas do planeta, ou seja, com o fim da ditadura do "terroir" (no sentido francês), a bebida milenar amplia seu alcance, suas platéias, e retorna como o elo mais eloquente com a cultura e as interações sociais. Outrora privilégio de círculos restritos do poder – de sacerdotes a imperadores, realezas e suas cortes, ou da burguesia bem estabelecida – o vinho, apesar da relativa disseminação como produto de consumo ampliado e facilitado, não perdeu sua aura de nobreza, seu conceito de "luxo", de bebida glamourosa. Não desceu do salto, nem perdeu a majestade (mesmo porque sua cotação monetária, na maioria dos rótulos que valem a pena ou o investimento, segue como barreira ou privilégio de classes abastadas). A globalização não chegou a fazer do vinho um concorrente da popular cerveja. E, por razões óbvias, além da econômica, nem poderia ser diferente: o vinho, ao que tudo indica, sempre trará o prazer sensorial fortemente entrelaçado ao prazer intelectual, cultural. Característica intrínseca a uma bebida tão complexa, heterogênea e objeto de tanta retórica quanto ele, o divino vinho.

Jezebel Salem

Dicionário do vinho

"O vinho é o professor do gosto, o libertador do espírito, o iluminador da inteligência. O vinho é o símbolo e o meio de comunhão social; a mesa estabelece um nível comum entre todos os convivas, e a taça que nela circula insinua em nós a indulgência, a compreensão e a simpatia para com nossos vizinhos".

Paul Claudel

Açúcar

São os açúcares naturais, presentes no bago de cada uva, que respondem pela fermentação que, por sua vez, dá existência ao vinho. Todas as uvas se compõem de frutose e glicose. Quando submetidas ao processo natural de fermentação (ocasionada por leveduras e fungos microscópicos) irão liberar do sumo os açúcares que se transformarão em álcool.

Afinal, o vinho, em linhas bem gerais, nada mais é que suco de uva fermentado. Simples assim? É claro que não! É nesse ponto que será considerada toda a qualidade das vinhas que deram vida às uvas – seu teor de açúcar, relativo ao solo, clima e processo de amadurecimento, além da espécie da uva em si.

E, o que é mais importante, aí é que reside muito do talento e experiência do vinicultor, ou de quem está elaborando o vinho: o controle e uso de técnicas para a fermentação.

Açúcar da uva tem pouco, ou nada a ver, com a sensação de doçura no sabor de um vinho, principalmente quando abordamos um vinho tinto – nos brancos, ela ainda pode ser levada em conta. Os principiantes na apreciação da bebida (especialmente a ala feminina) costumam afirmar preferir um vinho por ele ser "mais doce". Uma melhor educação do paladar, como o tempo, irá comprovar que o equívoco vem de outras sensações ligadas ao palato. Um vinho inadvertidamente definido como doce pode dizer respeito a um equilíbrio entre maciez dos taninos, estrutura elegante e aroma de frutas maduras (ver também em: "degustação"). Evidente que quaisquer outras procedências de açúcar num vinho, além da doçura garantida pela própria uva, será uma heresia, ou nem sequer estamos falando da bebida em questão.

Existem, sim, vinhos doces, mas sempre naturalmente doces, geralmente feitos de uvas brancas muito amadurecidas e que, ao final do processo de fermentação, conservam um alto nível residual de açúcar. Como também uvas que amadureceram e concentraram açúcares ao extremo, graças a um fungo que causa nos cachos da videira a famosa "podridão nobre" (ver mais em "Botrytis" e em "Tokajy").

Acidez

É uma das 4 características sentidas de imediato pelo conjunto do paladar. E se, ao primeiro momento, pode soar como um defeito, a acidez, na medida justa, é indispensável – especialmente no que se refere aos vinhos brancos. Vinho que não traz nenhum traço

de acidez se torna aguado e sem personalidade. Claro que o excesso é desastroso – e pode terminar até no estágio de "vinagre". Na verdade, quase todo vinho deve trazer um componente de acidez, pois se trata do predicado que garante ao vinho sua sensação refrescante e de leveza. Também nos tintos, apesar de menos perceptível, ela responde por um bom equilíbrio entre os taninos e um envelhecimento mais nobre. E este componente, tão importante, está diretamente vinculado ao tipo da uva, sendo que algumas cepas são naturalmente mais ácidas do que outras. Em seguida, o clima e o solo em que cresceu a videira completam o trabalho, interferindo no teor de acidez da uva. Uvas de clima quente costumam denotar menos acidez do que as cultivadas em clima mais frio.

Álcool

Uma vez que o álcool dos vinhos é produto da fermentação dos açúcares da uva, seu teor costuma variar bastante, oscilando geralmente em razão do clima em que ocorre a vindima (mais sol, mais calor, é igual a vinhos mais alcoólicos).

Em um bom vinho, a percepção de sua presença jamais deve sobrepujar as outras características de sabor; antes, deve compor um perfeito equilíbrio entre a fruta, a acidez e os taninos presentes. É também o álcool que garante aquela certa viscosidade (perceptível ao girar o copo, nos filetes que ficam impressos no vidro), e contribui para a sensação de volume e estrutura na boca.

O paladar detecta o álcool através da garganta, e não

o sente através do olfato. Alguns vinhos muito secos apresentam certo desequilíbrio, no qual um alto teor alcoólico pode se sobrepujar. Ou porque a acidez é elevada, os taninos não estão maduros, ou porque o frutado dos aromas não é suficientemente presente.

Arte da vinificação

Da colheita das uvas ao seu destino final, como vinho, o caminho é longo, complexo e meticuloso, e ainda permite múltiplas variantes – que farão toda a diferença em cada estilo ou tipo de vinho. É a arte e a ciência da vinificação.

Quando chegam à vinícola, as uvas, liberadas de qualquer vestígio de caule e folhas, passam por esmagamento ou são prensadas, transformadas numa mistura densa chamada "mosto". Mistura que, graças à adição de leveduras (hoje especialmente cultivadas para este fim e mais fáceis de controlar) será acondicionada nos tanques de fermentação. Antigamente, esses tanques eram de madeira, sendo ainda utilizados em algumas vinícolas e para certos vinhos, porém, a maioria hoje se utiliza de tonéis, ou cubas de aço inoxidável, para realizar o processo da fermentação.

As temperaturas nestes tanques devem ser constantemente controladas e, de modo geral, manter-se entre 25º e 30º – para a vinificação de vinhos tintos, e

mais amenas, entre 20º e 17º, no caso dos brancos, para que não percam os aromas. Mas, em resumo, é justamente a escolha e a utilização de técnicas diferentes de vinificação que irão conferir características diversas aos vinhos: aromas mais frescos, prevalência de sabores frutados ou, ao contrário, um vinho mais maduro, rico em taninos, complexo e encorpado.

A vinificação para vinhos tintos, para brancos ou rosados sofre diferentes processos para fermentação, como em relação à prensagem, tempo de maceração e utilização das cascas da uva (ver mais em "Fermentação").

O controle e a interferência proposital do vinhateiro nos vários itens do processo, como a temperatura, ou o período de maceração, bem como as etapas seguintes, repouso e amadurecimento do vinho, são determinantes na qualidade e tipo de vinho obtido. O envelhecimento, no caso visando o amadurecimento do vinho (maior longevidade e evolução da complexidade dos aromas e sabores) exigirá, antes do engarrafamento, seu acondicionamento por períodos variáveis em barril de madeira, em tonéis de carvalho, ou em tonel de aço. São todas as práticas e escolhas do vinicultor que interferem diretamente no resultado final, e que ajudam a constituir a personalidade, a "alma" e o estilo de um vinho.

Aromas

Se é verdade que sentimos as várias nuances do gosto, dos sabores, muito mais com o olfato, com o nosso nariz, do que com a boca propriamente, então, a questão dos aromas desprendidos e percebidos em uma taça com vinho é assunto de primordial importância.

Para desvendar aquele universo instigante e curioso, de aparente "mistério" que acompanha a onda das "degustações olfativas" de vinhos (com aquele clássico giro da taça, para oxigenar e liberar aromas da bebida ali contida; e mais o nariz metido bem no bojo do copo), alguns dos mais gabaritados sommeliers, ou mesmo os experientes aficionados do vinho, recomendam a técnica de separar os odores possíveis em grupos distintos: os aromas de frutas, os de especiarias, os florais, os vegetais e os verdes, os minerais, os aromas animais e mais os enfumaçados... Ficou mais fácil? Sim, porque, por incrível que pareça ao novato, um bom vinho se apresenta com aromas de tudo – menos de uva!

Além do mais, é de norma considerar as seguintes características no aroma de um vinho: Intensidade – refere-se à potência do odor, ao quanto aqueles aromas estão concentrados num vinho; Persistência – revela ou mesura o tempo em que os aromas ou sabores relativos permanecem, tanto na memória olfativa quanto no paladar, ao se provar o vinho em questão; Madeira – é aquele aroma característico dos vinhos que passaram por um estágio em barril de madeira, geralmente o carvalho. Tais vinhos tendem a envelhecer melhor e a herdar características olfativas da madeira. Porém, não é recomendável serem carregadas demais, ocultando outras qualidades e complexidades de aromas – e aí reside a arte dos mais notáveis vinhos que passaram pela madeira: a sutileza.

Adega

No passado, na Europa, especialmente as habitações rurais possuíam uma adega localizada nos porões, ou subsolo da casa. O objetivo era guardar víveres, incluindo o vinho.

Vinhos, para que evoluam e façam jus àquele ditado (que tantos equívocos provoca) "vinho: quanto mais velho, melhor", necessitam repousar nas seguintes condições: a temperatura se manter estável e baixa (entre 10º e 16º), com relativa umidade, porém, em local arejado, sempre na penumbra e ao abrigo da luz, e onde as garrafas possam ser mantidas com a rolha embebida no líquido, ou seja, deitadas (para impedir o contato do vinho com o ar). O resultado é que esses vinhos podiam envelhecer com toda a dignidade, alguns atravessando mais de 100 anos –

e, assim, se transfigurando em verdadeiras lendas, tamanha a potência e nuance de buquês e sabores.

O apreciador e o consumidor comum de vinhos da atualidade, seguramente, não dispõem de tal acomodação em suas residências urbanas. Porém, se pretendem de fato investir na aquisição de renomados rótulos e de nobres vinhos com potencial à longa guarda (é aí que começa a confusão do tema adega), podem e devem lançar mão das adegas industrializadas, ou as chamadas adegas climatizadas (projetadas especialmente para este fim, e que controlam a umidade e a temperatura), facilmente encontráveis no mercado, em vários modelos e dimensões.

Aqui cabe a observação do mito que perdura entre muitos leigos: de que basta guardar deitado o vinho – qualquer vinho – e, ainda, no armário da cozinha ou da sala – e que, por milagre do tempo, quando escolher uma data especial para abrir aquela garrafa, cinco, dez anos depois, ela irá se revelar a maravilha das maravilhas! Não há segredo: vinho modesto ou vinho barato, e vinho ruim, envelhecem sem o menor pudor e exaltando ainda mais seus defeitos.

Vinhos medianos, jovens, que não passaram por envelhecimento em barricas, e por outros cuidados, são vinhos para serem consumidos em um ano, ou, no máximo, em três a cinco – e isso se falando dos tintos! Quanto aos brancos, em sua maioria, o quanto mais cedo forem abertos, mais seguro o seu aproveitamento.

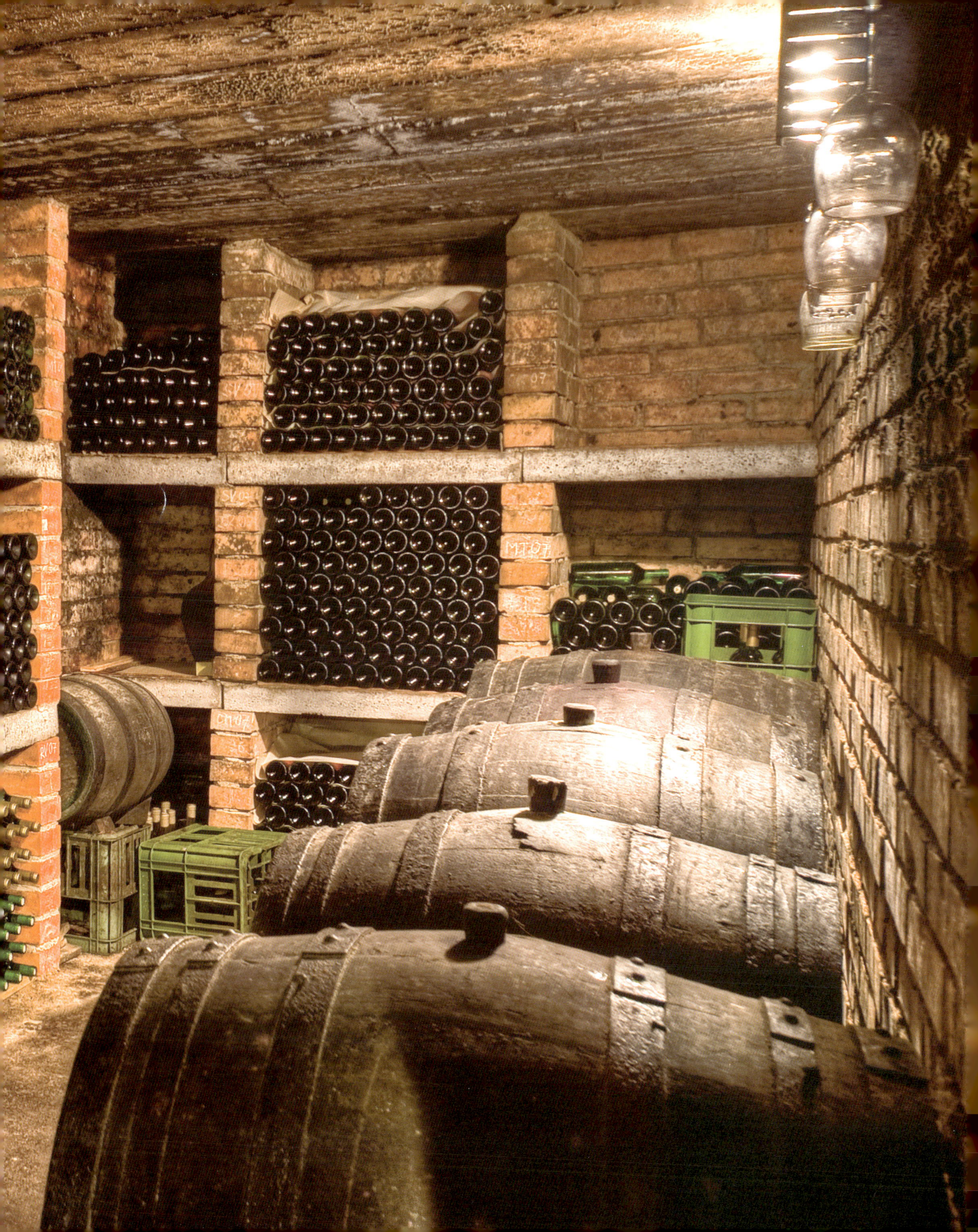

B

"A vinha e o vinho são grandes mistérios. No reino vegetal, apenas a vinha nos torna inteligível o sabor da terra. E quanta fidelidade na tradução!"

Collette

Barrica

Até sua invenção, o precioso sumo de uvas fermentado era acondicionado em grandes cântaros de cerâmica, ao longo da Antiguidade. O barril, ou tonel de madeira, constitui-se das mais importantes contribuições na evolução da história do vinho. Invenção atribuída aos franceses que, de suas pródigas florestas de carvalho, extraem, até os dias de hoje, a madeira mais nobre e adequada a esta tarefa de armazenar e, acima de tudo, aprimorar o vinho. Além de conservar o vinho, tornando a oxidação (no contato com o ar) lenta e muito controlada, a barrica de madeira (a de carvalho é a consagrada por excelência, ao apresentar as melhores características no processo de estágio) transmite maior estabilidade aos teores de tanino, eliminando os travos e amargor, e ainda tornando o vinho mais encorpado, macio e aveludado.

É também neste artefato de madeira que um vinho irá aprimorar parte do famoso "buquê", desenvolvendo-o e amadurecendo-o por completo no tempo em que permanecer engarrafado. Os aromas de um vinho, assim envelhecido, também evoluem – e, no caso de barricas de carvalho novo, adquirem um intenso aroma transmitido pela madeira. São os denominados perfumes "amadeirados" (baunilha, café torrado, chocolate, couro). Mas não é qualquer vinho que suporta o estágio em barricas novas, que são mais adequadas a vinhos tânicos e bastante robustos. É também dentro dos tonéis que o vinicultor pode processar e obter os chamados vinhos de "corte" – ou seja, aqueles que misturam partilhas provenientes de castas de uvas diferentes (exemplo: Shiraz-Cabernet; Merlot-Grenache; Chardonnay-Semilon).

A qualidade da barrica, seu grau de porosidade, se procede de carvalho serrado ou artesanalmente fendido; ou se esta madeira foi seca naturalmente ao ar livre (o que leva três anos) ou se seca em estufa, enfim, todos estes fatores, somados à habilidade do vinhateiro e ao tempo de estágio da bebida na barrica (para garantir vinhos de longa guarda e aromas sutis de madeira) podem esclarecer um item que o consumidor comum costuma ter dificuldade para compreender ou engolir: o preço final que ele irá pagar por um vinho fino, ou assim enobrecido.

Considerando, ainda, que o processo de estágio não é passivo e implica numa série de cuidados e interferências, como a clarificação ou evitar a evaporação (e oxidação), além da manutenção higiênica dos tonéis, fica uma questão: o grande vinho que dali resultar, vale ou não vale o seu peso na carteira?

Brancos

Há uma considerável variedade de cepas que resultam em tipos bem diferenciados de vinhos brancos, mas cuja essência, em linhas bem gerais, é seu caráter de maior leveza, juventude, ao lado de acentuado aroma de frutas e sabores refrescantes.

Seu processo de vinificação é diferente, e se dá descartando as peles e as sementes (responsáveis pela coloração nos tintos), prensando levemente apenas as bagas; costumam fermentar em cubas de aço, para não perder as características e serem aproveitados em toda a jovialidade. Há os brancos mais secos, mais adstringentes, os mais encorpados, os mais leves, mais picantes, os de maior longevidade (como os Chardonnays, que permitem estágio na madeira), e até os licorosos e adocicados. Todos devem ser servidos sempre resfriados, em temperaturas de 6º a 10º – de acordo com o estilo do vinho branco.

Brancos notáveis

Poderíamos dividir os brancos segundo seus atributos mais destacados, ou sua inclinação ou "sensibilidade", digamos assim.

Brancos na leveza e no frescor

De modo que um vinho branco pode se caracterizar por sua delicadeza, boa acidez, leveza e frescor – ótimos como aperitivo, podem dispensar até a exigência da refeição (como a regra geral dos tintos). Safras recentes são as mais indicadas no caso, sendo recomendável consumir o quanto antes.

Entre os mais célebres, podemos destacar: os Chablis, produzidos na Borgonha; Muscadet, feito no Vale do Loire; o Pinot Blanc, da Alsácia; Pinot Grigio italiano; o Bordeaux Blanc séc, cuja cepa de base costuma ser a Sauvignon Blanc; alguns Sémillon produzidos na Austrália; os vinhos da África do Sul que utilizam a Chenin Blanc; o Alvarinho, como o mais notável Vinho Verde de Portugal; e também os clássicos italianos, Trebbiano, Orvieto e Frascati. No Brasil, que por vocação de clima e solo tem produzido brancos afinados e até consagrados (haja vista o sucesso dos espumantes nacionais), temos alguns destaques neste gênero – como alguns vinhos de corte que combinam a Chenin Blanc, a Muscat, a Sauvignon Blanc e outras, com bastante propriedade.

Brancos frutados e aromáticos

Climas frios e temperados são mais propícios a esta classe de brancos, que se traduzem pela potência dos aromas e a persistência das frutas, mas que, de modo algum, significam vinhos doces. São secos e complexos, aromáticos e sempre vivazes.

As uvas Sauvignon Blanc, Riesling (especialmente as da Alemanha, Alsácia, África do Sul e Nova Zelândia), e ainda a Viognier (de difícil cultivo e adaptação) e a Torrontés da Argentina, são as mais frequentes nesta classe de vinhos brancos. Os Rieslings alemães de Mosel-Saar-Ruwer podem facilmente ocupar o posto de mais destacados vinhos brancos do mundo (pena que alguns produtores locais inescrupulosos acabaram vulgarizando o produto que hoje é subestimado, e até depreciado, entre o público e a crítica internacional).

Além da França, com o Sancerre, certos brancos do Novo Mundo, com especial destaque à África do Sul, conseguiram imprimir uma personalidade marcante aos seus varietais (feitos de uma só casta) com a Sauvignon Blanc; alguns produtores do Chile e da Austrália também conseguiram sucesso com ela.

Brancos ricos e encorpados

A uva Chardonnay, originária da região da Borgonha, é a mais nítida expressão deste gênero de vinho branco, sendo que os mais reverenciados do mundo crescem na Côte de Beaune, denominados Puligny-Montrachet, Chassagne-Montrachet e Aloxe-Corton. Porém, nas últimas décadas, esta casta resultou em surpreendentes vinhos brancos, potentes e maduros, tanto na Califórnia como na Austrália, Nova Zelândia, África do Sul, e também entre alguns produtores do Chile. Outra uva que produz brancos dessa estirpe – e de difícil cultivo – vem a ser a envolvente Gewürztraminer, cuja primazia no resultado final segue com a Alsácia, porém com alguns concorrentes no Novo Mundo. Ultimamente, a moda pelos Chardonnays envelhecidos no carvalho tem levado a excessos e ao equívoco de que todo vinho deste tipo possui "gosto de madeira". No entanto, um encorpado e bem-amadurecido exemplar pode muito bem ser vinificado em cubas de aço, e não ser menos esplendoroso.

Brandy

Designação inglesa para o conhaque, o bi-destilado obtido do vinho. Ao que tudo indica, a refinada bebida que é produzida na região francesa de Cognac – mas cuja delimitação de origem data apenas de 1909 – é conhecida e bastante apreciada desde o séc. XVII, durante o auge do domínio holandês no comércio internacional. E também, ao que tudo indica, a invenção do Brandy é autoria provável destes comerciantes holandeses que, para não verem perdidas e transformadas em vinagre as grandes quantidades de vinho compradas da França (e levadas para o norte da Europa, especialmente para o reino da Inglaterra), recorreram a um processo de ferver ou destilar o vinho até livrá-lo da água, criando uma espécie de "extrato" de vinho. A segunda descoberta foi que quanto mais tempo aquele extrato ficasse nas barricas de madeira, mais perfumado e gostoso ele ficava – e que nem precisava adicionar água novamente para que voltasse a ser simples vinho (como era a idéia inicial)... E pronto: estava inventado o Brandy, ou o Cognac.

Botrytis cinérea

É o nome do fungo responsável por um amadurecimento extra e peculiar nas uvas, capaz de lhes conferir extrema doçura, e conhecido como "podridão nobre". O resultado pode ser apreciado em vinhos voluptuosos e ricos, mas com sutil doçura combinada a acidez. Porém, somente em poucas regiões do mundo, graças ao microclima único, como Sauternes, na França, tal fungo não chega a destruir as uvas, mas consegue extrair toda a água e a concentrar os açúcares. As uvas, assim contaminadas, ficam com aspecto de uvas passas ou apodrecidas, daí o nome. Um dos Sauternes mais prestigiados é o Châteaeu d'Yquem, um vinho licoroso que, antes de ser engarrafado e chegar ao mercado (a um custo bem menos doce que sua essência), tem que dominar todo um longo e tortuoso processo de várias colheitas manuais, aliado a outros fatores de risco. Como diamantes raros e de preciosa lapidação, não poderia custar pouco... Semillon e Sauvignon Blanc são as castas principais dos Sauternes, vinhos de longa guarda.

Botrytis cinérea University of Georgia Plant Pathology Archive, University of Georgia, Bugwood.org

"O vinho torna-se para numerosos intelectuais uma substância mediática que os conduz para a força original da Natureza."
Rolland Barthes

Castas de uvas

Consideradas uvas viníferas, ou aquelas apropriadas para o feitio do vinho, contabiliza-se aproximadamente cerca de 50 variedades. As mais tradicionais, e que se desenvolveram ao logo dos tempos e da geografia do vinho, podem ser agrupadas entre tintas e brancas, e que ganharam, na sua maioria, classificação de origem francesa.

A espécie de uma cepa, ou da casta, é a primeira a configurar a espinha dorsal de um vinho. Esta cepa, por sua vez, irá sofrer a influência do solo e do clima, segundo a região em que se deu o cultivo, somada à influência dos métodos deste cultivo. Enfim, como se percebe, a criação de um vinho depende de variantes geográficas, históricas, agronômicas, dos caprichos da natureza e mais do engenho e da inspiração humana.

Outra observação: muitas das castas conhecidas mantêm uma relação de parentesco, mas ganharam outras denominações nos países em que se desenvolvem. Um exemplo: a Tinta Roriz de Portugal é equivalente à Tempranillo da Espanha – que, por sua vez, é descendente da Cabernet Sauvignon.

Tintas: *Cabernet Sauvignon* – a principal cepa de Bordeaux é considerada a mais nobre das tintas, doando vinhos de potentes taninos. Sua cultura foi disseminada pelo mundo, adaptando-se bem nas mais diversas regiões produtoras.

Cabernet Franc – cultivada em Bordeaux e no Loire, esta uva é mais utilizada para compor o corte de grandes vinhos. Mais leve e menos tânica, os vinhos feitos unicamente desta cepa não precisam de envelhecimento, e podem ser consumidos de imediato.

Merlot – é mais suave que a Cabernet Sauvignon, e muito utilizada nos cortes dos principais vinhos de Bordeaux, ajudando a compor as grandes marcas da região. Ela é a principal estrela do Pomerol, em vinhos célebres, como o Chateau Pétrus. No Chile, desenvolveu características muito apreciadas, bem como se adaptou aos solos australiano, argentino e do Brasil, entre outros.

Pinot Noir – é a casta responsável pelos grandes vinhos tintos da Borgonha, local onde melhor se desenvolve; dos outros países que praticam seu cultivo, poucos atingem resultado semelhante.

Barbera	Bonarda	Bordô	Cabernet Franc	Cabernet Sauvignon	Concord
Gamay	Isabel	Malbec	Merlot	Pinot Noir	Pinotage
Sangiovese	Syrah	Tannat	Tempranillo	Touriga-Nacional	Chardonnay
Flora	Gewurztraminer	Goethe	Malvasia bianca	Malvasia Di Candia	Malvasia Verde
Moscato	Níagara Rosada	Níagara	Peverella	Pinot Gris	Prosecco
Riesling Itálico	Riesling Renano	Sauvignon Blanc	Sémillon	Trebbiano	Viognier

Grenache – originária da Espanha, é casta vigorosa e resistente, cultivada em todo o Mediterrâneo e tendo se desenvolvido especialmente na região do Rhône, tornando-se a principal uva do famoso Chateauneuf-du-Pape. Califórnia e Austrália são os novos adeptos de seu cultivo.

Gamay – casta da Borgonha que dá origem ao vinho Beaujolais – de maceração rápida, vinho jovem, de aroma e frutos vermelhos frescos. Nos terrenos graníticos dos dez "crus" de Beaujolais, produz-se vinhos encorpados e carnudos.

Syrah – muito cultivada no Rhône, a Syrah deu origem e fama a vinhos de longa guarda, como os do Hermitage. Também se desenvolveu muito bem na Austrália, que consegue obter vinhos de grande expressão com esta uva.

Malbec – de pouca importância nos vinhos franceses, encontrou no solo da Argentina a máxima expressão para os vinhos daquele país, produzindo uma variedade surpreendente do produto que mais caracteriza a vinicultura argentina.

Tempranillo – principal cepa das famosas regiões vinícolas da Espanha, onde adquiriu características únicas, é capaz de produzir vinhos potentes e de longa vida.

(Outras tintas - ver "Uvas típicas").

Brancas: *Chardonnay* – cepa é originária da Borgonha, onde dá autoria aos famosos Chablis e a outros brancos amadeirados e de longa conservação. Tem sido cultivada pelo mundo com bons resultados, produzindo vinhos interessantes tanto nos países sul-americanos como na América do Norte, Austrália e Nova Zelândia. Um vinho com Chardonnay tanto pode ser de caráter floral e vivaz, como pode ser robusto, redondo, de buquê evoluído, a especiarias e mel.

Savignon Blanc – produz vinhos frutados, de intenso aroma, elegantes e complexos, especialmente os do Vale do Loire e de Bordeaux. Também alcançou resultados surpreendentes em certos vinhos do Chile, da África do Sul e Austrália.

Sémillon – plantada em Bordeaux, é a principal cepa para os Sauternes. Em outros países, costuma entrar no corte de muitos vinhos brancos, porém, na Austrália seu plantio resultou em certos vinhos secos de personalidade e potencial de longa guarda.

Riesling – casta que se desenvolve melhor em climas mais frios, onde revela todo seu potencial: de sabores marcadamente frutados e minerais a vinhos secos ou doces; as melhores expressões estão na Alemanha, Alsácia, e também na Austrália e Califórnia.

Gewürztraminer – casta que se caracteriza pela riqueza e potência aromática, capaz de produzir vinhos de corpo, com notas florais e de frutas exóticas. Porém, é de difícil cultivo em outras regiões que não a Alsácia e a Alemanha.

Viognier – esta cepa do Rhône é também de características florais muito intensas, compondo vinhos leves, frescos, mas fragrantes. Obteve alguns bons resultados também no Chile, na Califórnia e na Argentina, onde desenvolveram a Torrontés, uva típica deste país e muito semelhante à Viognier.

(Outras brancas – ver "Uvas típicas")

Champagne

É a região francesa que dá nome ao vinho borbulhante mais prestigiado e festejado pelo mundo todo. Qualquer outra bebida do gênero, por mais semelhante que seja, se não proceder daquela superfície de 30 mil hectares, forrados de vinhedos, a famosa Denominação de Champagne, não merece nem muito menos pode se aproveitar da alcunha. São cerca de trezentos os produtores registrados no exclusivo clube, que dá existência a mais ou menos 250 milhões de garrafas de champagne a cada ano. Um vinho vibrante, único e praticamente inimitável, pois as condições geo-

climáticas daquela região fazem toda a diferença.
As espécies principais de uvas ali cultivadas vêm a ser: a Chardonnay, a Pinot Noir e sua "prima", a Pinot Meunier. E, por incrível que pareça, ainda que na maioria sejam uvas de pele escura, ou tintas, destinam-se a esse tipo de vinho que, por excelência, apresenta-se branco, aloirado e brilhante.
Dá para começar a entender o grau de sofisticação e equações intricadas ao longo de todos os processos pelos quais atravessa o vinho até se transformar em champagne? Pois bem, bastariam aquela invenção e o controle da dupla fermentação (a segunda, já dentro da garrafa e que faz surgirem as bolhas de ar) que atribuem ao monge beneditino, Dom Perignon – e que foi aperfeiçoado, séculos mais tarde, pela notável Madamme Nicole Ponsardin, ou melhor, a veuve da Maison Clicquot – para justificar tamanho sucesso e prestígio em torno daquelas garrafas de fundo bojudo. Em seguida, entra em cena o talento secular de cada produtor que guarda a milhares de chaves o segredo da composição e da proporção de seus cortes – pois o champagne, normalmente, provém da cuvée, que vem a ser a mistura de vários lotes de vinho tranquilo, de diversas procedências, por isso, sem data especificada da colheita (à exceção do champgne "millésime", aí sim, datado). Segue-se uma série de operações muito lentas e trabalhosas (como depositar as garrafas em prateleiras, de cabeça para baixo, e girá-las todas, periodicamente), controle de temperatura e, ainda, a adição de leveduras especiais – o liqueur-d'expedition – para, finalmente, arrolhar as garrafas daquele modo muito especial que todos conhecem. Por tudo isso – e muito mais – o champagne merece ou não toda a glória e lendas que rondam cada garrafa que já foi – ou está por vir a ser – ruidosamente aberta?

Celebridades do mundo do vinho

Estas são algumas das personalidades cuja influência afetou radicalmente o atual panorama mundial do vinho, seja com suas opiniões e críticas (seguidas com todo o fervor não só pelos consumidores, mas igualmente por muitos produtores de vinho, na esperança de obterem destaque e maior cotação para seus produtos), seja com seus conhecimentos impressionantes sobre tudo o que tenha referência com o vinho. Ou então, por meio de uma nova conduta empresarial no mercado, difundindo e estendendo a globalização também entre vindimas e vinícolas pelo mundo todo.

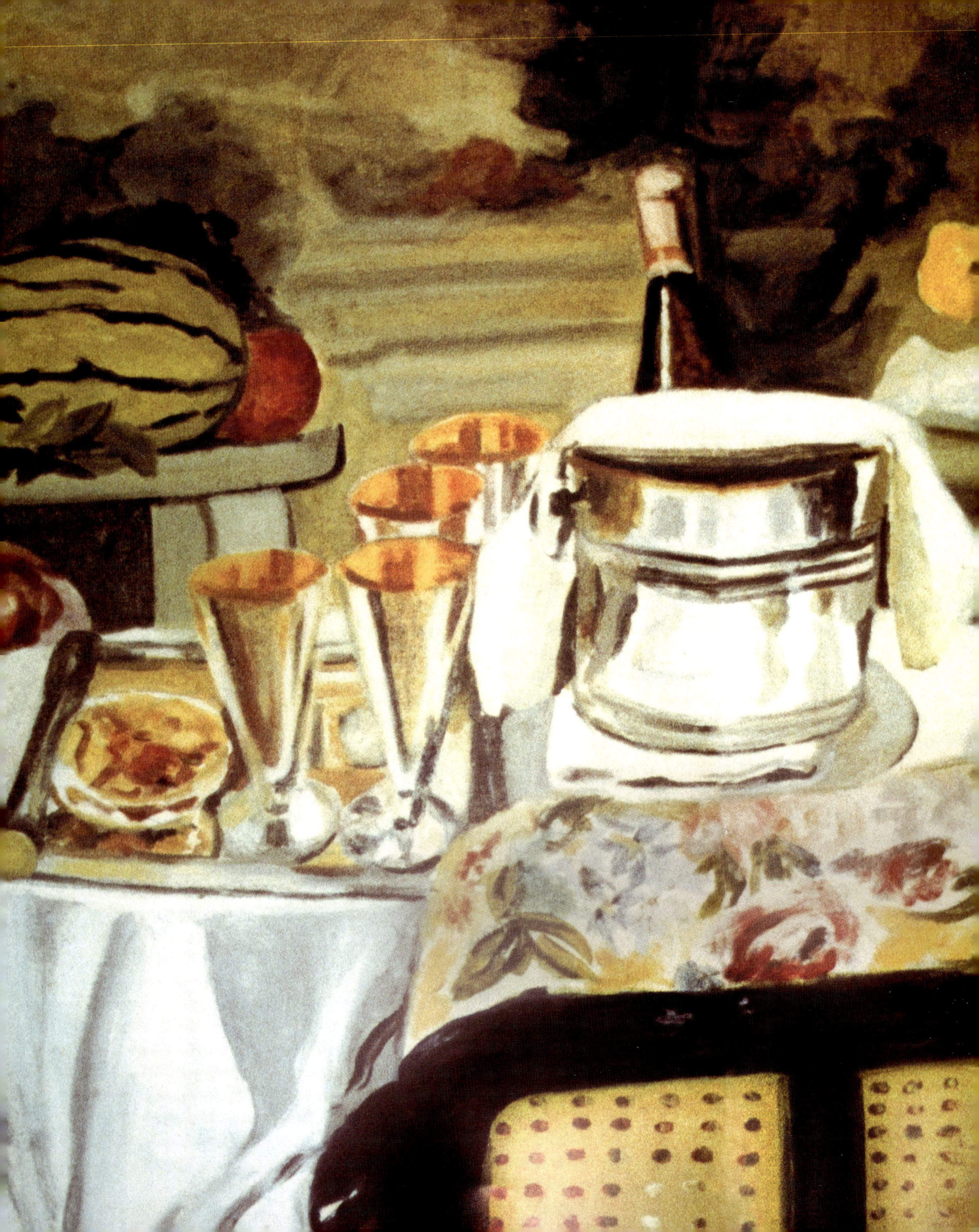

Hugh Johnson

É um dos autores sobre vinho mais vendidos no mundo. Os dois maiores sucessos de sua incrível carreira são The World Atlas of Wine, que está celebrando 25 anos, e o anualmente atualizado Pocket Encyclopedia of Wine que já está na sua segunda década. Seus livros são editados em até 13 idiomas, e vendidos aos milhões. Devido ao seu extenso conhecimento e enorme talento, Johnson consegue tornar acessível a todos o extremamente complexo mundo do vinho.

Hugh Johnson começou adquirindo seu interesse pelo vinho como membro da Wine & Food Society, na Universidade de Cambridge e, em 1963, tornou-se editor da Wine and Food. Sua fama como escritor teve início com a publicação do seu primeiro livro "Wine", aos 27 anos. A partir daí, passou a escrever regularmente em prestigiadas revistas mundiais, como Decanter e outras do grupo Condé Nast. Atualmente, é responsável pela coluna de vinhos do Sunday Times, editor de vinho da New York Cuisine Magazine, e presidente do The Sunday Times Wine Club e The Hugh Johnson Collection Ltd.

Além de respeitável autor e editor, Johnson é um brilhante comunicador e experiente palestrante que inspira as audiências pela sua sensibilidade e expertise. Participou de várias séries de TV, incluindo a História do Vinho e Vinho – um Guia para Usuários. Reconhecido como proeminente autoridade, Johnson recebeu o prêmio Literatura pela Academia de Bordeaux, em 1887, e, em 1998, a mais alta condecoração da Academia Germânica de Gastronomia. Ainda no mesmo ano, foi escolhido como Comunicador do Ano num concurso da International Wine & Spirit. (E. Federico – 2010)

Jancis Robinson

Dentre todos os escritores mundiais sobre vinhos, Jancis Robinson é uma das mais respeitadas. Nascida na Inglaterra em 1950, é uma crítica de vinhos, jornalista e editora de livros sobre o assunto. Atualmente, escreve uma coluna semanal para o Financial Times e para seu website (jancisrobinson.com). É também consultora de vinhos da adega real inglesa. Em 1984, tornou-se a primeira pessoa fora do comércio de vinhos a se tornar Master of Wine, e supervisionou a famosa adega de vinhos dos aviões Concorde, operados pela British Airways. Como escritora de vinhos, seus textos são principalmente educacionais e enciclopédicos. O Oxford Companion to Wine, editado por Jancis, é geralmente considerada a mais completa enciclopédia de vinhos. A primeira edição foi publicada em 1994, e levou cinco anos após ter sido indicada como sua editora, em 1988. Jancis estudou matemática e filosofia na Universidade de Oxford, e trabalhou para uma companhia de viagens após se formar. Sua carreira de escritora na área de vinhos começou em 1975, quando se tornou editora assistente da revista Wine & Spirit.

Em 1995, Jancis participou de um curso de vinhos transmitido em dez episódios pela BBC. O livro Jancis Robinson´s Wine Course, escrito para acompanhar a série, já teve várias edições. É doutorada honorária da Open University e, em 2003, foi agraciada com a Ordem do Império Britânico (OBE), além de outras condecorações por seus escritos, como a de "Personalidade do Ano 1999", pela revista Decanter. Discordou bastante da opinião de Robert Parker sobre a avaliação do Château Pavie 2003, mas ambos continuam mantendo boas relações cordiais.
(E. Federico – 2010)

Michel Rolland

Michel Rolland é um influente enólogo baseado em Bordeaux. Tem centenas de clientes em 13 países, influenciando o estilo do vinho ao redor do mundo. Sua consultoria fora da França o deixou isolado de quase todos os compatriotas enólogos. Ele ajuda as vinícolas adquirirem o estilo que é sua assinatura: muita fruta influenciada pelo carvalho, uma preferência compartilhada pelo influente crítico Robert Parker. Embora negue, ele é caracterizado no filme *Mondovino* como um agente do vinho globalizado. Rolland tem diversas propriedades em Bordeaux, e sociedade em vinícolas da África do Sul, Espanha e Argentina.

Nascido, em 1947, de uma família de produtores de vinho, após a faculdade Rolland se matriculou na Escola de Viticultura e Enologia Tour Blanche, em Bordeaux. Sobressaindo-se em seus estudos, foi um dos cinco estudantes escolhidos para avaliar a qualidade do programa estabelecido pelo prestigiado Instituto de Enologia de Bordeaux. Mais tarde, Rolland passou a fazer parte do Instituto, onde ele encontrou sua atual esposa e enóloga Dany Rolland, e se diplomou na turma de 1972.

No Instituto, Michel Rolland estudou sob a tutela de renomados enólogos, entre eles Émile Peynaud, a quem considera o "Pai da Moderna Enologia". Em 1973, Rolland e sua mulher compraram um laboratório de enologia na cidade de Libourne, em Bordeaux, mais tarde expandido para incluir salas de degustação. Em 2006, o laboratório empregava oito técnicos em tempo integral, analisando amostras de quase 800 propriedades vinícolas. Com mais de 100 clientes que empregam Michel Rolland como consultor, provavelmente um terço do ano ele passa em aeroportos e aviões. (E. Federico – 2010)

Michael Broadbent

Broadbent foi diplomado como arquiteto, mas mudou completamente sua carreira em 1952, com 27 anos, ao entrar no comércio de vinhos. Em 1960, recebeu a cobiçada qualificação de Master of Wine. Em 1966, iniciou a fase mais importante da sua vida profissional ao ingressar na famosa casa de leilões Christie´s. Isso o levou a degustar o maior número de vinhos finos e raros que qualquer outra pessoa no mundo. São mais de 90.000 notas de degustação em centenas de cadernos de anotações. Até 2009, permaneceu na Christie´s como diretor do departamento de vinhos e consultor sênior. Ao contrario de Robert Parker, Broadbent não dá aos vinhos degustados um valor numérico, mas emprega um sistema que concede estrelas aos vinhos até o máximo de cinco. Como escritor, Broadbent é renomado pela publicação dos registros de sua vida inteira degustando vinhos. The Great Vintage Wine Book é um trabalho de referência, com notas de degustação de mais de 6.000 vinhos que datam desde o século 17. Além da autoria de vários livros, é colaborador das revistas Vinum, Falstaff, e ainda escreve mensalmente na Decanter desde seu lançamento, em 1975.

Em 1979, Broadbent foi nomeado Chevalier of the Ordre National du Mérite, bem como membro honorário da Académie du Vin de Bordeaux. Foi presidente do Institute of Masters of Wine, da International Wine & Food Society, da Wine & Spirit Education Trust e, até 1993, foi Sheriff da Cidade de Londres. Em 2006, participou como jurado na repetição do 30º aniversário do original Julgamento de Paris, onde novamente vinhos americanos se destacaram quando comparados, às cegas, com os melhores vinhos franceses.

Robert Parker

Parker é um advogado americano que, em 1984, deixou um bom emprego num banco para se dedicar inteiramente a escrever sobre vinhos. A primeira obra foi um guia independente que se diferenciava da opinião de outros críticos com interesse na venda de vinhos. Em 1978, publicou uma newsletter por mala-direta chamada The Baltimore-Washington Wine Advocate, que depois se tornou a famosa revista The Wine Advocate. A primeira edição foi enviada grátis para mailing lists que Parker comprou de comerciantes de vinho; para a segunda edição, a revista já tinha 600 assinantes. Trinta anos depois, a The Wine Advocate tem mais de 50.000 assinantes, em 37 países. Embora outras publicações sobre vinho tenham maior tiragem, a revista de Parker ainda é considerada aquela que exerce significativa influência nos hábitos de compra dos consumidores.

Não há como discordar que Robert Parker Jr. é atualmente o crítico de vinhos mais influente do mundo, embora seu sistema de avaliação de "100 pontos" conte igualmente com uma imensa parcela de descontentes. Não faltam os que argumentam que determinar a qualidade de um vinho partindo de um critério pessoal e relativo será sempre questionável. E também que o crítico acabou levando a uma padronização dos produtores, em busca do tipo de vinho que contenta Robert Parker. E que, por trás de toda essa máquina de divulgação erigida pelo crítico norte-americano, existe muita obscuridade, certa corrupção e uma supervalorização de preços nos vinhos bem pontuados por Parker.

Ao autor de uma extensa biografia intitulada "O Nariz de Um Milhão de Dólares", Parker afirmou degustar 10.000 vinhos por ano, e ser capaz de lembrar de todos provados nas últimas três décadas e, com diferença de poucos pontos, até a nota que deu para cada um deles. Porém, há quem revele que, numa degustação às cegas, em 2005, em Paris, ele se equivocou ou não reconheceu um bom lote dos vinhos. Além da sua revista, Parker colabora como editor da Food and Wine, Business Week, e é crítico da revista francesa L' Express, onde é o único não-francês pela primeira vez admitido.

Clima e microclima

A videira tem capacidade de adaptação a diversas condições climáticas. No entanto, é notável que condições extremas (como ao longo do Equador, ou próximo aos pólos terrestres) são desfavoráveis ao seu cultivo. As regiões mais indicadas, em todo o globo, estão localizadas entre os paralelos 30º e 50º, ou nas chamadas zonas de clima temperado. A quantidade de calor e luz é determinante até para a cor das uvas e dos vinhos; clima frio, com poucos dias de sol, como o da Alemanha e o do norte da França, provou ser mais propício às uvas brancas; já o clima mediterrâneo é perfeito para os tintos carnudos e suculentos.

Os incidentes climáticos são desafios constantes do viticultor. Geadas, chuvas ou frio excessivos,

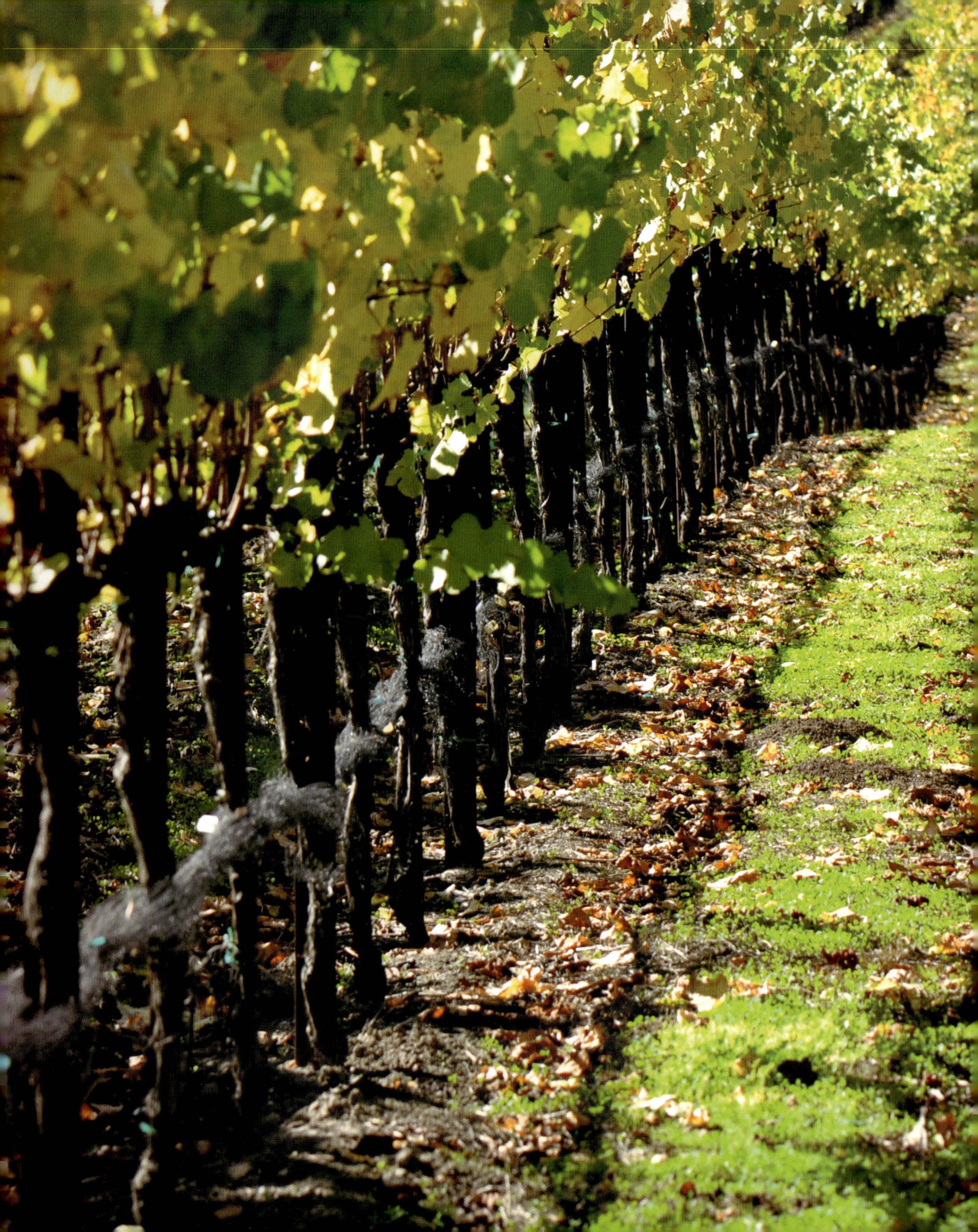

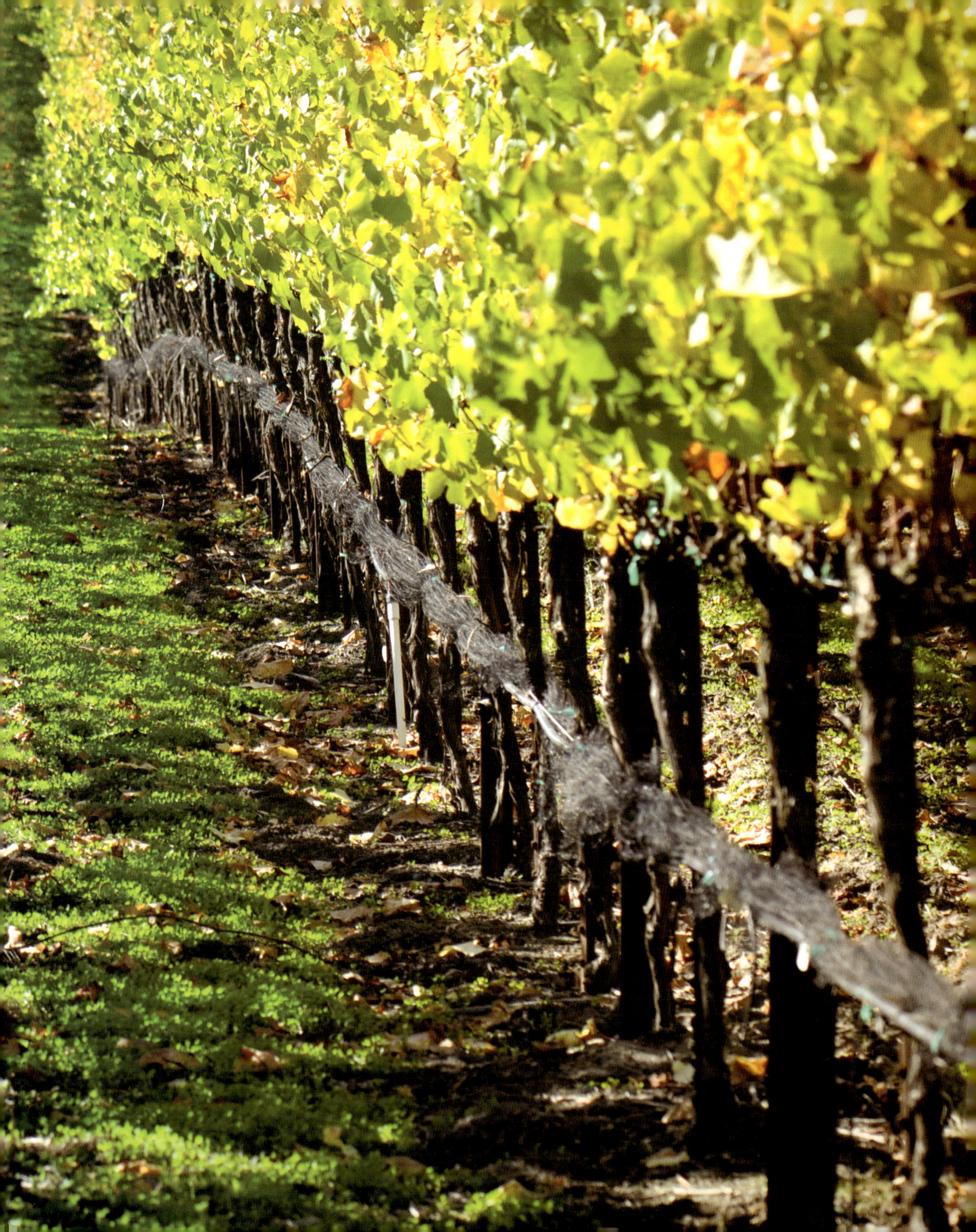

calor destemperado, estiagens, tudo pode perturbar, ou mesmo arruinar, o planejamento de uma colheita. Enfim, o clima em que se desenvolve uma determinada cultura, com todas as suas variantes, é dono de influências poderosas no crescimento e resultado final da videira – e, por consequência, no vinho que dela resultar. Além disso, o microclima, termo que significa a combinação das características do terreno (envolvendo a composição geológica do solo), somadas às condições de clima daquela área, é palavra-chave na personalidade e originalidade de uma uva e seu vinho. Exemplo: o microclima da região do Rio Negro, no extremo sul da Argentina, pode produz um tinto Cabernet Sauvignon bem distinto do mesmo tipo de vinho de uma uva que tenha sido cultivada na Califórnia.

Crus - Grand Cru, Premier Cru e outros...

A terminologia francesa "cru" é utilizada para designar um determinado vinhedo, de acordo com seu terroir (caráter de um terreno dedicado à viticultura, abrangendo suas características de solo, clima e relevo), e serve para justificar também a qualidade do vinho, quando acrescida e adjetivada de outras referências.

Grand Cru poderia ser traduzido, literalmente, por grande vinhedo, mas não no sentido do tamanho, e sim da importância. Na região de Borgogne, os vinhos que ganharem o título Grand Cru podem seguramente ostentar a fama da qualidade máxima alcançada na região. Por outro lado, nos famosos Châteaux da região de Bordeaux, a mesma designação Grand Cru vai significar um grande vinho sim, porém ocupando o segundo lugar entre os maiorais ali designados por Premier Cru. As sutilezas na aplicação do termo não param por aí: na sub-região do Médoc, os melhores vinhos são classificados em cinco níveis de "crus" (Premiers Crus, Deuxièmes Crus, e assim por diante). Já na outra região de Saint-Emilion, os melhores vinhos classificam-se em "Premiers Grand Crus Classés" e "Grand Crus Classés".

Castelo e vinícula em Margaux, Bordeaux, France.

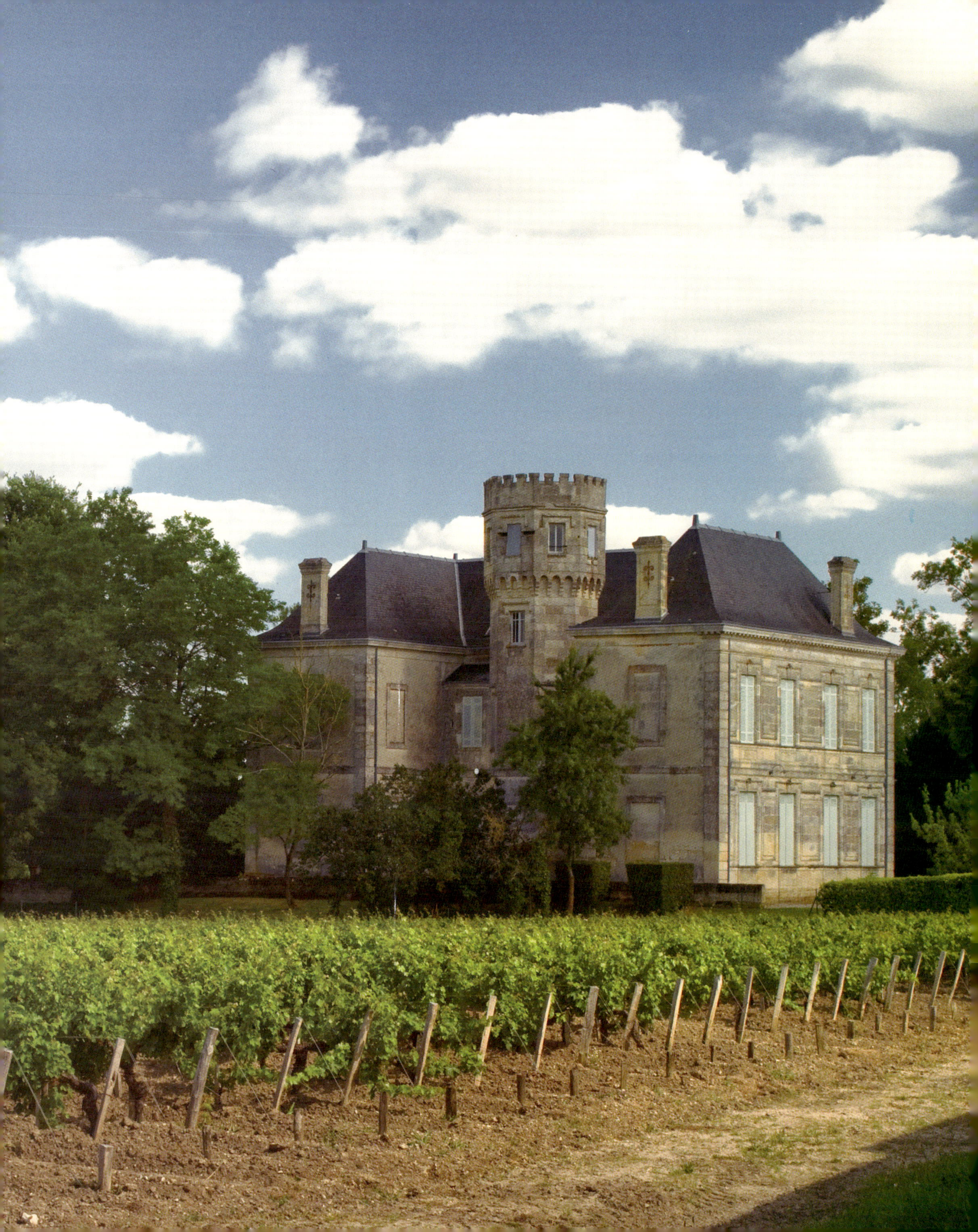

D

"Um bom vinho possui uma dupla virtude: sobe-nos à cabeça e nela seca os vapores estúpidos, melancólicos e fechados... Torna o nosso entendimento sagaz, vivo, inventivo. A segunda virtude do vinho é a de aquecer o sangue... É do vinho que vem a valentia."

Shakespeare

Degustação

Beber um vinho pode ser muito mais do que o óbvio ato de levar o líquido à boca e o engolir. É claro que os franceses, diante das preciosidades e preciosismos que alcançaram com essa bebida, acabaram por inventar e estabelecer as etapas para todo um ritual degustativo-analítico, prescrevendo algumas regras e métodos para se chegar ao esplendor do ato de se beber um vinho. Nada de muito complexo – apesar das aparências denotarem o contrário e, como consequência, por um lado, terem levado alguns adeptos ortodoxos a exageros e pedantismos desnecessários. Por outro, terem afastado e inibido a muitos que gostariam de conhecer um pouco mais desta prática chamada degustação de vinhos. Vamos dizer que essa degustação analítica seja como as preliminares, ou a dança do jeu d'amour: o objetivo é um só, porém, ir diretamente a ele não teria a menor graça e emoção... A prova de uma "degustação" do gênero recorre a três sentidos: a visão, o olfato e o paladar, todos a serviço de uma análise descritiva do vinho, suas qualidades e possíveis defeitos.

A primeira análise é a visual: determina a cor, os tons, os matizes (ex: vinhos jovens tintos são mais violáceos e envelhecidos, possuem mais matizes ocre). Em seguida, observa-se a limpidez e o brilho. A fluidez e densidade do vinho é observada fazendo girar o líquido no copo (formam "pernas" ou "lágrimas" nas paredes do copo).

Exame olfativo: é aquele que possibilita todas as expressões ou jargões em relação aos aromas desprendidos de um vinho. Os analistas dividiram os aromas em grupos, como: frutado, floral, vegetal, especiarias, animal, mineral e "torrados". Também exige manobras cuidadosas com o girar da taça, para que o líquido seja oxigenado e exale seu buquê – e o famoso gesto do nariz dentro do copo.

Sensações táteis-gustativas: é chegada a hora de beber propriamente o vinho! Através da boca serão analisadas as sensações: táteis (corpo, estrutura, fluidez, untuosidade), térmicas (temperatura do vinho) e químicas ou sabores (acidez, taninos, amargor, potência, etc.). Por fim, é analisada a "persistência", ou seja, o quanto e em que intensidade os aromas daquele vinho ficam presentes no conjunto do paladar, ao bebê-lo.

De posse de todos estes dados, em degustações profissionais, ou igualmente nos cursos sobre vinhos para amadores, são atribuídas notas ou valores, além de observações sobre cada uma das características dos vinhos em prova, com tudo devidamente anotado nas chamadas "fichas de degustação". Assim, fica mais fácil aproveitar a degustação na sua totalidade e complexidade, não fica?...

Mas nunca é demais lembrar que gosto é questão pessoal, sim, porém, necessita de educação, informação e muita, muita prática (como todas as boas coisas da vida).

Decanter

Um aparato que entrou em moda entre os aficionados do vinho. O termo é inglês, mas também conhecido como "decantador". Trata-se de uma jarra de vidro ou cristal, utilizada para decantar vinhos que adquiriram sedimento ao longo do envelhecimento. Porém, também passou a ser usada para arejar ou "abrir" o vinho antes de servi-lo – técnica que "amacia" os vinhos muito duros, adstringentes e consegue, às vezes, até tornar palatáveis (impressão de "aveludado") alguns vinhos que não estão maduros ou prontos para beber – pois oxigena e amacia os taninos. Porém, vinho ruim não irá melhorar com a técnica – pelo contrário...

Denominação de origem

As Denominações são regras adotadas por cada país produtor, no sentido de referendar a origem territorial e regional daquele vinho (espécie de garantia de sua procedência – de (dos) padrões de qualidade estabelecidos para cada uma das regiões), e normalmente constam nas várias descrições pontuadas num rótulo. As leis da França são seguramente as mais detalhistas e severas em suas infindáveis classificações: AOC (Appellation d'Origene Controlée), VDQS, Vin de Pays, e por aí afora. Curiosamente, o primeiro vinho no mundo a ter sua Denominação de Origem oficialmente estabelecida não foi francês, e sim um vinho português: o Vinho do Porto – que, desde o século XVIII, só poderia ser fabricado dentro dos limites da região do Douro, ou não seria um Porto. Na Itália, os vinhos ganham designações semelhantes: IGT (Indicazione Geográfica Típica), DOC (Denominazione de Origene Controllata) ou DOCG (idem, e mais Garantita). A Espanha usa siglas semelhantes, com DO e DOC, porém, merece atenção pela classificação obrigatória segundo o tempo de envelhecimento: Joven é o vinho que deve ser bebido logo, e que não passou por nenhum estágio em carvalho; Crianza são aqueles que passaram um ano no barril de carvalho e mais um ano na garrafa, antes de serem postos à venda; Reserva significa que o vinho tem que passar por pelo menos três anos de envelhecimento; Gran Reserva estabelece um mínimo de cinco anos de estágio, entre barril e garrafa.

Dolcetto

Nome que remete aos potentes vinhos do norte da Itália, da região do Piemonte. Da mesma estirpe que os famosos Barolo e Barbaresco, porém, apesar das aparências no nome, "dolcetto" de modo algum significa vinho doce. Ele é bastante seco, mas intensamente frutado e mais suave do que um Barbera, outro tipo de vinho típico do Piemonte. A Denominação (DOC) mais conhecida deste vinho é Dolcetto D'Alba.

Douro

A primeira região no mundo a ganhar estatuto de Demarcação e Denominação de Origem (lei do Marquês de Pombal, de 1756), em razão do seu vinho mais tradicional, o Porto. O Douro caracteriza-se pelos vinhedos cultivados em encostas íngremes, em degraus que seguem pelas margens do rio Douro. Além do vinho fortificado (ver sobre em: vinho "Fortificado"), a região do Douro também produz alguns bons vinhos "de quinta", tintos carnudos, e que podem alcançar grande complexidade graças à sua uva mais tradicional, a Touriga Nacional.

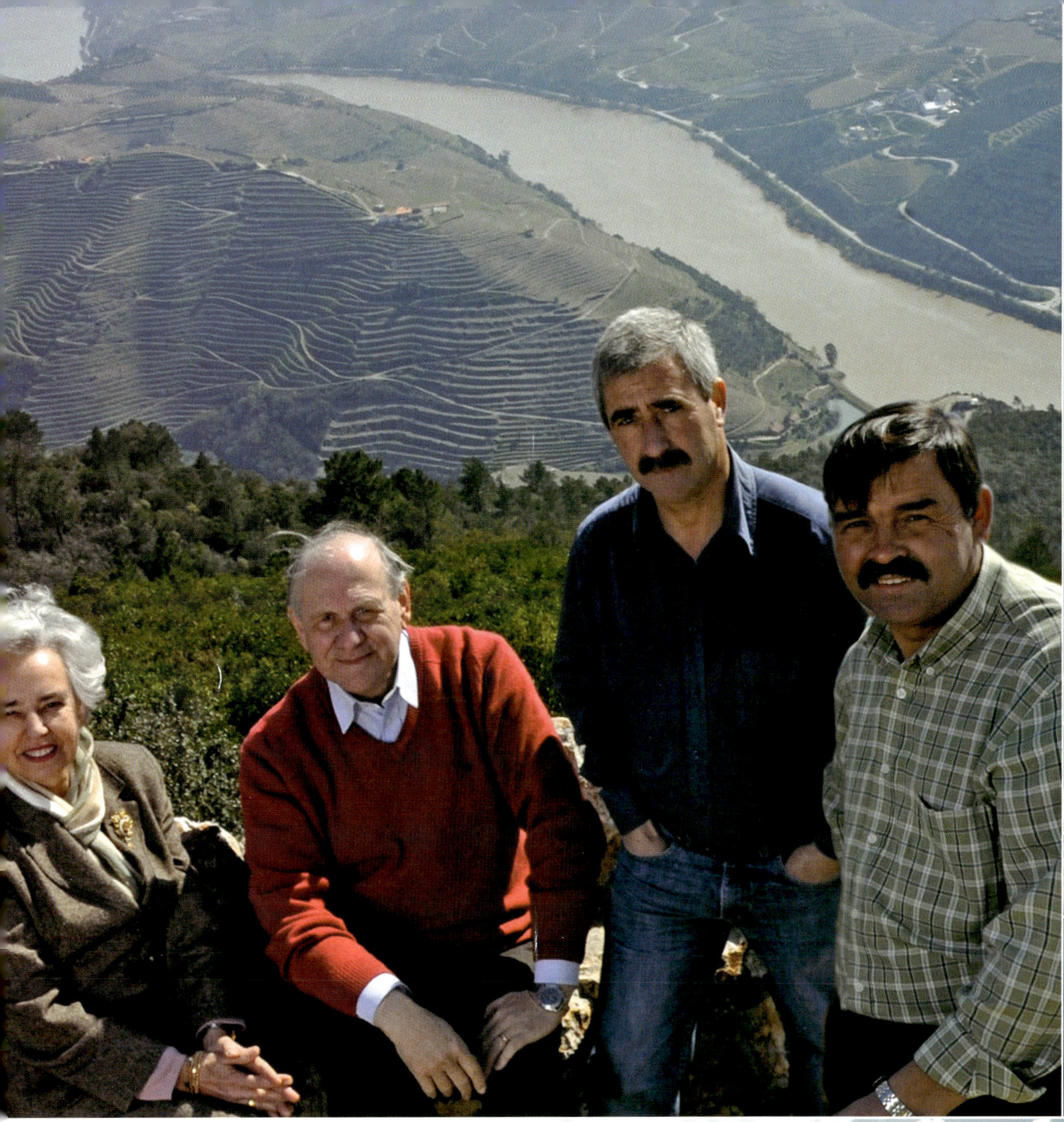

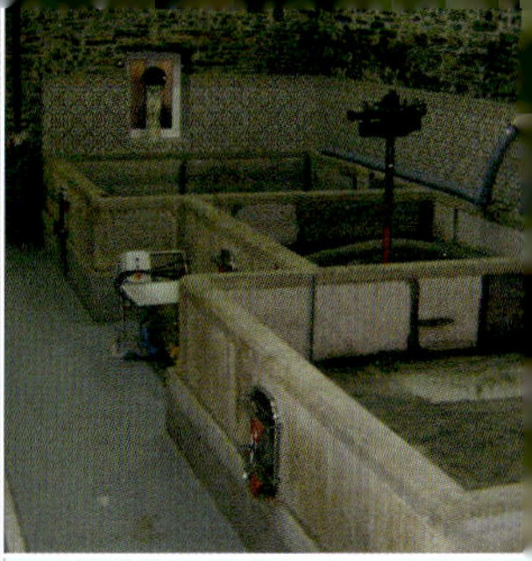

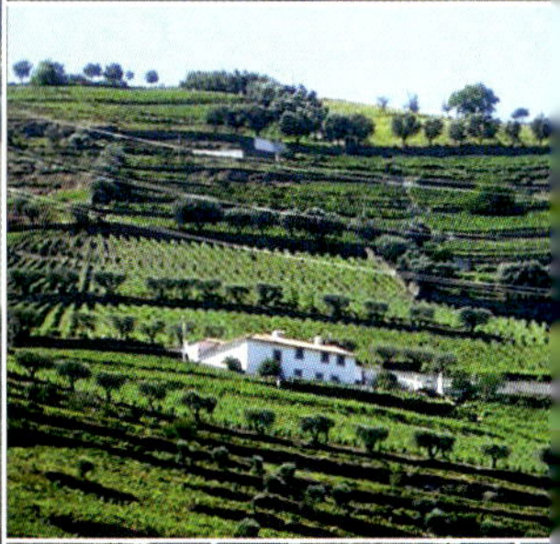

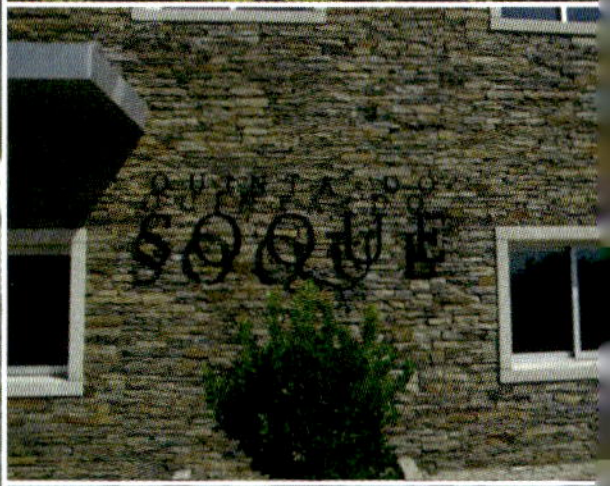
QUINTA DO
SOQUE

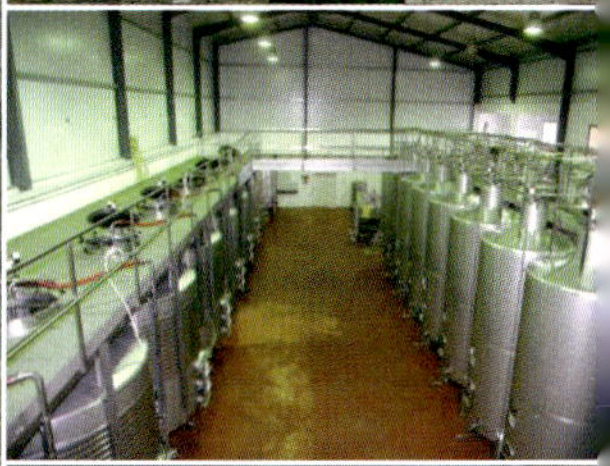

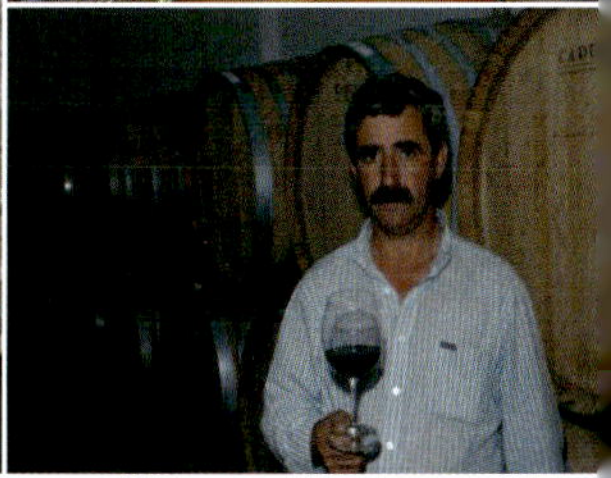

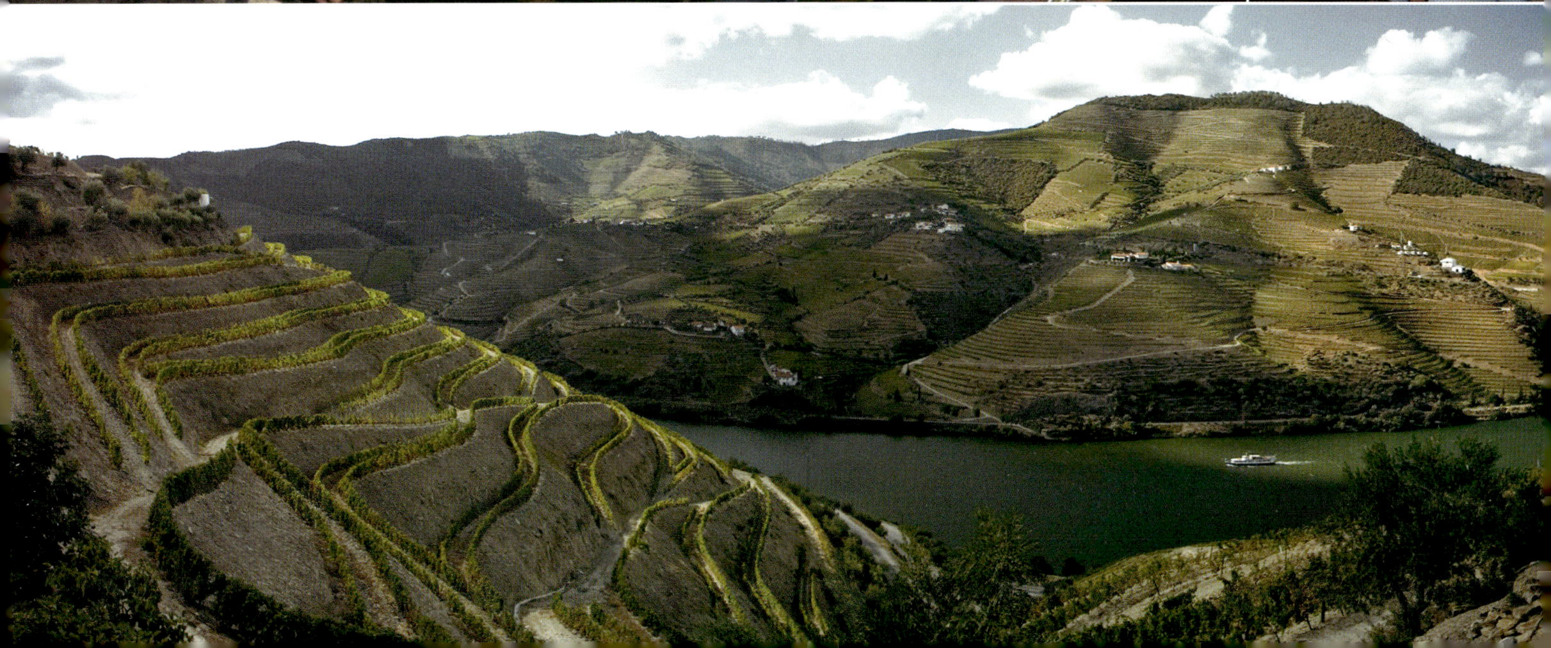

"Ricos: que fazeis dos vossos vinhos excelentes? Vós os engolis, mas não os saboreais! Dai-os a beber aos Filhos da Arte – aos artistas! O seu corpo aquecer-se-á com eles; e nascerão algumas obras felizes. E vós que não fazeis nada, vós sereis absolvidos!"

Mercier (1767)

Enólogo e enófilo

Enologia pode ser definida como a ciência que estuda tudo o que se aplica à produção de um vinho. O enólogo, daí, seria aquele que estuda o vinho, no sentido mais acadêmico, e no da produção vitivinícola também – existe faculdade para a formação de um enólogo, habilitando-o a produzir um vinho.

A carreira pode garantir sucesso e fama para alguns, pois, ao criarem determinados vinhos para uma casa ou vinícola, conseguem notoriedade internacional e muitos pontos ou estrelas para os vinhos de sua autoria, atribuídos pela crítica especializada (ver em: "Celebridades do vinho"). Ou ainda, pelo sucesso de vendas junto ao consumidor – enfim, seria algo mais ou menos como um diretor de cinema a dirigir filmes fabulosos ou inesquecíveis... Já o termo enófilo designa o simples apreciador e o conhecedor de vinhos – assim como um "cinéfilo" é aquele que adora cinema.

Enogastronomia

Uma vez que, no senso comum e por unanimidade, esta sempre foi, ao lado da água, a bebida perfeita e mais adequada para acompanhar uma refeição (e poucas vezes o vinho, especialmente o tinto, irá cair bem se não for à companhia de bons pratos), era de se esperar que os apreciadores do copo e do garfo, os gourmets, desenvolvessem de pronto uma espécie de "ciência" para melhor aproveitar esta arte na combinação entre ambos.

A enogastronomia se ocupa desta importante disciplina, erigida em nome dos prazeres e da elegância do paladar. E determina, por longa tradição e por algumas ousadias criativas, o que comer com cada espécie de vinho. (ver mais em: "harmonização"). Boa oportunidade para desvendar o mito que alguns novatos carregam: "não misturar vinhos numa mesma ocasião"... Apenas se o provador estiver de estômago vazio, não será mesmo aconselhável. Mas se o propósito for um magnífico repasto, então nada mais justificado do que servir um tipo de vinho para cada tipo de prato que irá compor o banquete. Neste caso, recomenda a tradição a seguinte sequência no serviço: os vinhos mais leves ou fracos devem vir antes dos encorpados; os brancos antes dos tintos; os vinhos mais jovens e simples sempre antecedendo os de maior expressão ou raridade (deixados para o gran finale); os vinhos doces sempre servidos ao final.

Espumantes

São os vinhos duplamente fermentados (a segunda fermentação dá-se na garrafa, como os de Champagne), assim formando as bolhas de gás carbônico, responsável pela efervescência, ou borbulhas. Um espumante de qualidade superior, seja feito em qualquer parte do mundo, privilegia este método de vinificação: método champenoise – que, afinal, é o mesmo utilizado por todas aquelas garrafas que têm o direito ao nome de Champagne. Geralmente feitos com vinho branco, mas também em menor escala com rosé e até tinto, os espumantes costumam utilizar uvas com maior acidez. Devem ser apreciados em temperatura bem fria e detêm o mesmo conceito, indicados como vinho de comemoração, de coquetel, ou como aperitivo.

As Cavas da Espanha, os Proseccos da Itália, que tanto caíram no gosto dos brasileiros, os espumantes sul-africanos, argentinos ou chilenos, e mesmo os da casa, os nossos nacionais e já reputados vinhos borbulhantes, todos eles se classificam dentro do estilo de vinho espumante.

Há outro método para se obter a qualidade borbulhante: método charmat, quando a fermentação adicional se dá em grandes autoclaves, por meio da adição de leveduras mortas, provocando o aumento de gás carbônico. O charmat é claramente um processo mais simples, pois facilita a remoção das leveduras e depósitos antes de engarrafar o produto. Porém, é notório que o resultado seja mais simplório, e que dificilmente produza vinhos espumantes com complexidade e sutilezas ao palato.

Firmeza e persistência da perlage (o conjunto das bolhas) são detalhes fundamentais na consideração de um bom espumante, ao lado do frescor e persistência dos aromas frutados ou das especiarias. Os espumantes, entre eles o champagne, costumam ser classificados segundo o teor de açúcar presente: Extra-Brut; Brut (menos de 15g/litro); Extra-Dry; Sec; Demi-Sec (de 33 a 50g/litro); Doux (acima de 50g por litro).

Envelhecimento

Transformações lentas e complexas ocorrem com o vinho dentro da garrafa. É lá que ele irá amaciar, afinar, refinar, desenvolver o bouquet, perder aquele caráter tânico e adstringente que podemos encontrar em vinhos jovens. Porém, esta evolução que ganham certos vinhos com o chamado envelhecimento (que deve se processar em local frio, longe da luz, ou seja, com a garrafa em repouso numa adega) tem limites – depois de muito tempo, esse mesmo vinho de guarda perderá suas características. Portanto, é necessário estar atento para abrir e consumir o vinho, mesmo o de longa guarda, no período em que ele estiver em sua plenitude – porque, como tudo que é "vivo", como a bebida em questão, está sujeito ao declínio.

Saber se um vinho é destinado à conservação e ao envelhecimento irá depender de vários fatores, a começar de sua origem geográfica, do tipo de uva, da sua safra, do tipo de vinificação e do seu tempo de estágio, antes de ser engarrafado. Agora, fica mais fácil entender porque certos vinhos famosos são cotados a preços de joias – justamente por serem aqueles com um histórico de muito empenho, e uma aptidão nata ao envelhecimento.

ℱ

"Ofereceram-me astros nas taças de vinho; logo que os olhos os veem, alegra-nos a alma! Marcharemos na estrada da alegria, guiando os nossos passos pelas estrelas das taças."

Al Mu'tadid (Sultão de Sevilha – 1069)

Fermentação

Para se transformar em vinho, todos passam pelo processo de fermentação alcoólica – é a maceração, quando o mosto, posto em cubas, libera as leveduras que irão converter os açúcares em álcool. O tempo de fermentação será mais ou menos longo de acordo com o tipo de vinho pretendido: poucos dias para tintos jovens e frutados, bem como para os brancos; pode levar até 3 semanas no caso de vinhos destinados a longa guarda. Nos tintos, durante o período da fermentação, o mosto passa por várias agitações, com o intuito de homogeneizar e favorecer a maceração. Alguns vinhos são produzidos com uma técnica chamada "fermentação maloláctica", que se serve do uso de certas bactérias que conseguem transformar o ácido málico em ácido láctico, com o objetivo de reduzir a acidez e obter um vinho mais macio, em pouco tempo. Para os vinhos brancos, a fermentação alcoólica costuma ser mais breve e sem agitações no mosto, a fim de preservar aromas e a acidez. Porém, no caso de brancos destinados à guarda, pode ser utilizada a fermentação maloláctica, conferindo a untuosidade e redondeza que se encontram presentes, por exemplo, nos grandes brancos da Borgogne.

Frisante

Trata-se daquele tipo de vinho gaseificado e que, como os espumantes, também libera bolhas, mas em menor quantidade. O processo não é o da fermentação natural, mas o da adição extra de gás carbônico. Exemplo de vinho frisante que faz muito sucesso de venda, aqui no Brasil, (provavelmente pelo seu baixo custo, leveza e simplicidade de paladar) é o Lambrusco, da Itália. Alguns vinhos verdes de Portugal também são levemente frisantes, e a indústria vinífera brasileira também produz alguns modelos deste vinho despretensioso e refrescante.

Fortificado

Os exemplares característicos e mais conhecidos entre os vinhos fortificados são: Vinho do Porto, Xerez (ou Jerez) e Vinho Madeira (ver mais nos respectivos verbetes). Tal espécie de vinho é indicada tanto como aperitivo, antecedendo a refeição ou, nos exemplos mais doces, para seu final, ou servidos como um licor. São vinhos que recebem a adição de aguardente de vinho, com o intuito de aumentar seu teor alcoólico, tornando-o "forte". A aguardente é acrescentada durante ou depois da fermentação (que é idêntica a dos vinhos de mesa), e pode chegar ao teor alcoólico de até 23º, possibilitando uma longa durabilidade a esses tipos de vinho, e uma característica única em sabor, consistência e aromas. Para chegar a resultados tão sofisticados, estes vinhos costumam passar longos períodos de estágio em barrica de madeira, e também pelo envelhecimento na garrafa. A Itália também é produtora de vinhos fortificados de intenso caráter, como é o caso do Marsala, vinho bastante doce e de potentes qualidades. Criado na Sicília no século XVIII, é apresentado em três estágios de envelhecimento – de um a dez anos, nos tonéis de madeira.

Frascati

Vinho típico da região central da Itália (produzido nos montes Albanos, na vizinhança de Roma), o Frascati é hoje apreciado e difundido no mundo todo, tendo sido conhecido desde os tempos do Império Romano. Vinho leve e simples, é bem indicado para o verão; leva em sua composição as uvas Trebbiano e Malvasia, que lhe rendem um paladar delicado com aromas florais e de frutas cítricas – no caso de produtores mais reputados (ex: Colli di Catone e Fontana Candida). São produzidos em diversos estilos, do muito seco aos mais suaves ou adocicados, existindo também na versão frisante.

Furmint

Uva típica da Hungria, com a qual é feito o vinho doce mais renomado daquele país (Tokaji), esta cepa também pode produzir um vinho branco e seco que leva o seu nome. O Furmint possui alto grau alcoólico e marcante acidez, com bom potencial de guarda. Um vinho de aromas poderosos e intenso paladar de frutas cítricas, maçãs e ainda com um toque mineral ou defumado. (Crown Estates e Chapel Hill estão entre os produtores dos mais destacados). Possui tamanha personalidade que pode ser combinado com pratos que levam funghi, com peixes defumados e até com carne de porco.

G

"Se o vinho desaparecesse da produção humana, creio que se faria na saúde e no intelecto do nosso planeta um vácuo, uma ausência, uma deficiência muito mais horrível do que todos os excessos e desvios de que se considera o vinho responsável."

Baudelaire

Garrafas do vinho

Foi a partir do século XVIII que o vinho passou a ser acondicionado em garrafas de vidro que, por sua vez, evoluíram das antigas jarras de bocal estreito, onde se deitava o vinho para servi-lo, este que até então era guardado em barris de madeira. Mais ou menos na mesma época, essas garrafas também começaram a ser vedadas por rolha de cortiça. E, desde então até os dias de hoje, os dois inventos têm se mostrado o modo mais eficiente na conservação, transporte e serviço do vinho. Ainda que a tecnologia mais atual tenha desenvolvido outras formas de embalagens (ver mais em: "Novas tecnologias") que, porém, mesmo demonstrando serem mais práticas e econômicas, esbarram na tradição mais ferrenha relativa a um dos grandes ícones da cultura do vinho: a garrafa.

Geralmente feitas em vidro escuro (para proteger o líquido da luz), uma destas primeiras garrafas, adotada por toda a região dos vinhos de Bordeaux, é a que mais se difundiu pelo mundo – e a que até hoje muitas vinícolas mundiais utilizam para engarrafar seus produtos. Sua forma é aquela conhecida: cilíndrica e de gargalo mais estreito. Outra região produtora da França consagrou o estilo de garrafa mais larga e bojuda na parte inferior, a dos vinhos da Borgonha. Outra garrafa que é uma unanimidade mundial é a dos espumantes ou da Champagne: vidro mais resistente e fundo arredondado, para suportar a maior pressão do gás – além de um sistema especial de rolha.

Atualmente, alguns produtores, inspirados na maioria das vezes no design italiano, desenvolveram outros formatos para suas garrafas, a exemplo das mais afinadas, alongadas e elegantes versões da garrafa de Bordeaux. E por falar em italianas, algumas garrafas daquele país (a exemplo das antigas garrafas do Chianti, que além de bojudas, redondas, eram embrulhadas em palha), parecem estar definitivamente fora de moda. A questão é puramente prática: mostram-se inadequadas para serem deitadas nas modernas adegas climatizadas.

Garage (Vin de garage)

Pequenas propriedades vinícolas de Bordeaux, a partir dos anos 80, começaram a se dedicar a uma produção muito exclusiva, em restrita quantidade, de vinhos primorosos e únicos, que logo ganharam a alcunha de "vinhos de garagem", por literalmente serem produzidos em suas garagens domésticas. Descobertos pelos críticos internacionais, a partir do vinho Le Pin, a fama de tais vinicultores subiu às estrelas (e os preços, idem). Logo, passaram a ser copiados em países como a Espanha, onde outros produtores ganharam notoriedade mundial como fabricantes de vin de garage, a exemplo de Peter Seissek com seus vinhos da região do Toro, antes ignorada. Também famosos, os "cult-wines" da Califórnia, como o Screaming Eagle, Araujo, Bryant Family, Dalla Valley, Harlam Estate, seguindo o mesmo estilo de pequenas, mas preciosas produções.

Graves

Uma sub-região situada ao sul de Bordeaux, muito renomada pela qualidade dos seus vinhos brancos e por alguns tintos célebres, produzidos com a Cabernet Sauvignon. Alguns dos ícones desta região vinícola da França, que garante vinhos poderosos, encorpados, de finais longos e quase que inesquecíveis: Domaine de Chevalier, Chateau Hout-Brion, Chateau Pape Clément.

Gavi di Gavi

Gavi é nome de uma cidade italiana, e de um dos vinhos brancos mais significativos da região que engloba o Piemonte. O Gavi di Gavi indica um vinho que foi produzido nas proximidades da cidade que lhe dá o nome. É feito exclusivamente da uva local, a Cortese, que lhe confere notas combinadas de frutas cítricas, pera e amêndoas. Picante e muito refrescante, esse vinho se popularizou e levou a uma produção massificada, por parte de alguns produtores, o que lhe roubou um pouco as grandes qualidades de outrora.

Guarda do vinho

Mesmo aqueles rótulos que sabemos que devem ser consumidos em, no máximo, de um a dois anos, precisam ser guardados nas seguintes condições: a garrafa deitada, em local escuro, sem muita umidade, e no frio. Se existem condições que todo o vinho abomina

são estas: oxidar pelo contato com o ar (por isso, a rolha com a garrafa inclinada, para mantê-la úmida), sofrer a ação dos raios ultravioleta ou do calor intenso, ou de oscilações bruscas de temperatura.
É a receita combinada para arruinar qualquer um deles. Portanto, aquela ideia que alguns ingênuos têm de deixar os vinhos na área da cozinha, mesmo para consumo iminente, nem pensar!
A adega é mesmo o recurso mais indicado, especialmente em se tratando de vinhos que irão resistir por décadas dentro de suas garrafas, antes de serem apreciados. Temperatura constante entre 9º e 17º, no escuro, nível de umidade na casa dos 65% (por isso, a geladeira comum não funciona, pois é exageradamente úmida) e sem maiores agitações... E, como já foi dito no capítulo adega, mas nunca é demais repetir: maus vinhos não envelhecem bem; muito pelo contrário.

Granizo, geada e outras tempestades

Inimigos quase que mortais da viticultura, algumas condições climáticas adversas e inesperadas têm até o poder de devastar um vinhedo. Mesmo as culturas de climas extremamente frios como Alemanha e norte da França, onde as vinhas podem tolerar temperaturas rigorosamente frias (desde que no inverno, quando estão "dormindo" e ainda não deram frutos) podem ter toda uma colheita comprometida se ocorrer uma geada na primavera, quando as uvas estão desabrochando. Já o verão pode representar outros perigos, como uma tempestade de granizo, igualmente arruinadora de uma colheita.
Vindimas de climas quentes também padecem com eventuais tempestades, que podem não só arrasar os cachos, bem como uma temporada de muita chuva pode ocasionar uma colheita nada auspiciosa. Água demais no solo origina uvas insípidas e vinho de baixa qualidade. Períodos de estiagem também são ameaçadores. Na França, onde a vida do viticultor é pautada por normas das mais rigorosas, não é permitido irrigar artificialmente a vindima (exatamente para não "aguar" as uvas nem obter uma grande produção em detrimento da qualidade). O Novo Mundo já se vê livre destes entraves, e a irrigação é amplamente praticada. Este processo exige uma irrigação muito bem controlada (literalmente gota a gota), e países quentes da Europa já aderiram ao modelo.

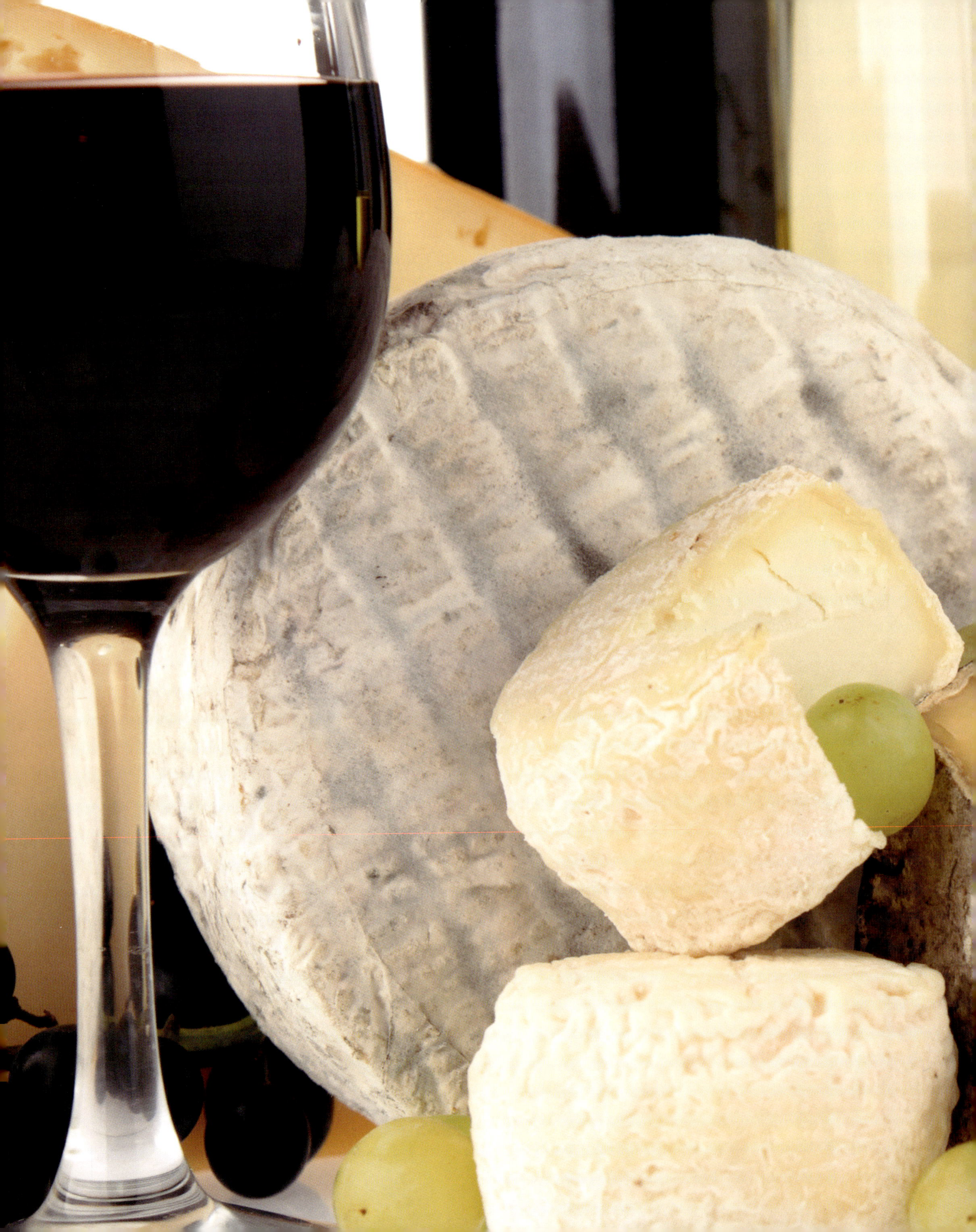

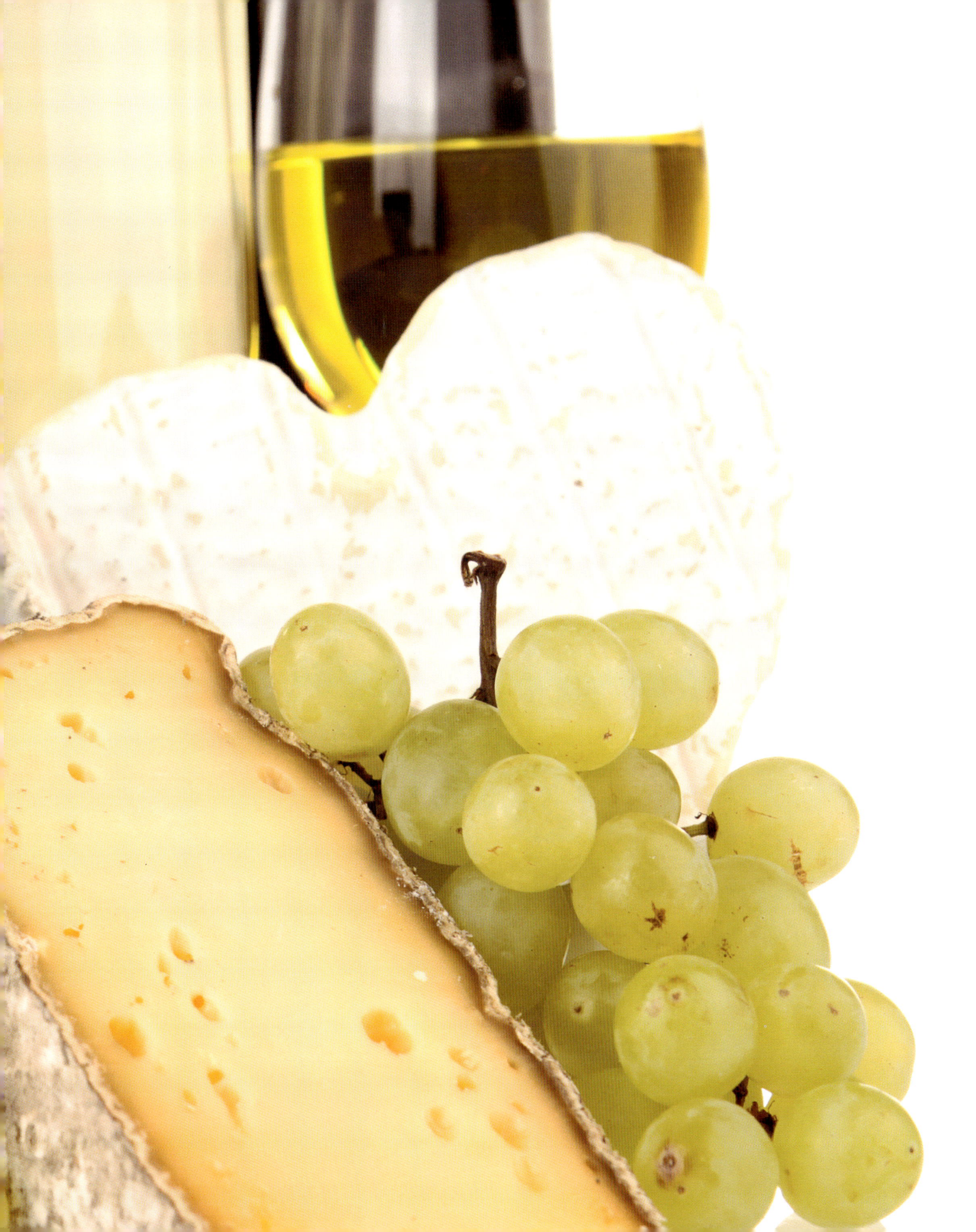

H

"O vinho dispõe a alma para o amor, desde que não bebido em demasia, e desde que os sentidos não estejam embotados por excessivos apelos.
O vento atiça a chama; mas, se for muito forte, apaga-a."

Ovídio

Harmonização

Este é o fértil e amplo capítulo do "comes e bebes" no contexto dos vinhos. E de delicadas e controversas delimitações. Afinal, o que vai bem com este ou com aquele tipo de vinho? Casamento entre tipos de vinho e de pratos é assunto quase tão complexo e exaustivo quanto seu similar na vida amorosa das pessoas – e ainda no fim, por mais que se sigam prescrições e certas regras básicas, os resultados podem não confirmar a regra, abrir precedentes ou durarem menos que os sonhos de uma noite de verão...

Falando sério, não foi à toa que os franceses (que têm sempre a primazia no tema) inventaram a profissão de "sommelier" (ver no verbete correspondente) capaz de, no restaurante, aconselhar com toda a propriedade o vinho ideal para o menu escolhido. Mas o bom senso, o senso comum do paladar (com o qual, felizmente, parece termos sido todos dotados) pode auxiliar na tarefa e dissipar dúvidas básicas. Mas vamos às regras estabelecidas, a priori, desde que o mundo – dos vinhos – é mundo.

Aperitivos, canapés, ostras, petiscos ligeiros ou leves: espumantes em geral (secos e demi-séc); Champagne; vinhos brancos leves e refrescantes; Jerez ou Porto (secos ou levemente adoçados).

Entradas, saladas, omeletes, tortas salgadas, patês, pães especiais, frios, queijos suaves, massas, pizzas, sanduíches, etc.: brancos e rosés secos, frutados ou encorpados; tintos leves e joviais.

Mariscos, Crustáceos e Peixes: brancos secos, de boa acidez, brancos frutados ou brancos encorpados, e também brancos suaves; rosés secos; tintos leves.

Aves e Carnes brancas: brancos secos e estruturados; tintos jovens ou de taninos mais suavizados; rosés secos.

Carnes vermelhas e de caça: tintos em todas as suas

variantes – dos muito estruturados e envelhecidos aos mais jovens e leves (considerar o molho, os temperos, o modo de preparo, mais que a carne).

Sobremesas: champagnes e espumantes – os menos secos, demi-sec ou doux; vinhos doces naturais; vinhos fortificados doces, como Madeira, Xerez, Porto, etc.

(ver mais em: "queijo e vinho", e em "receitas para e com o vinho.")

Hermitage

Um pequenino distrito no Vale do Rhône possui um vinho, o Hermitage, reconhecido no mundo todo. É lá que se originou a uva Syrah, uma cepa de características muito próprias, capaz de produzir vinhos de coloração muito profunda, encorpados e de aromas complexos que lembram cerejas negras, especiarias, trufas e defumados. Rendendo um sabor picante e taninos firmes, os vinhos Hermitage são próprios para longa guarda e evolução na adega.

O Novo Mundo tratou de adotar e adaptar rapidamente esta uva típica do Rhône, rebatizando-a de Shiraz, e também produzindo vinhos poderosos, porém, suavizando seus taninos e conseguindo vinhos, mesmo quando jovens, já prontos para beber, a exemplo de alguns Shiraz australianos.

Haut-Médoc

Considerada a região mais nobre dos vinhos de Bordeaux, delimitada pela margem esquerda do rio Gironde, ali na ala sul da denominação do Médoc, concentram-se os quatro Châteaux ou os produtores mais reputados entre os vinhos bordeaux: Margaux, Pauillac, St. Julien e St. Estèphe, responsáveis pelos célebres "Premiers Crus Classes" (Margaux, Latour, Haut-Brion e Lafite – e, posteriormente, incluído na lista top, Chateau Mouton Rothschild). Outros dois vinhedos, Listrac e Moulis, que também pertencem a esta espécie de Olimpo dos vinhos de Bourdeaux, encontram-se localizados na área do Haut-Médoc.

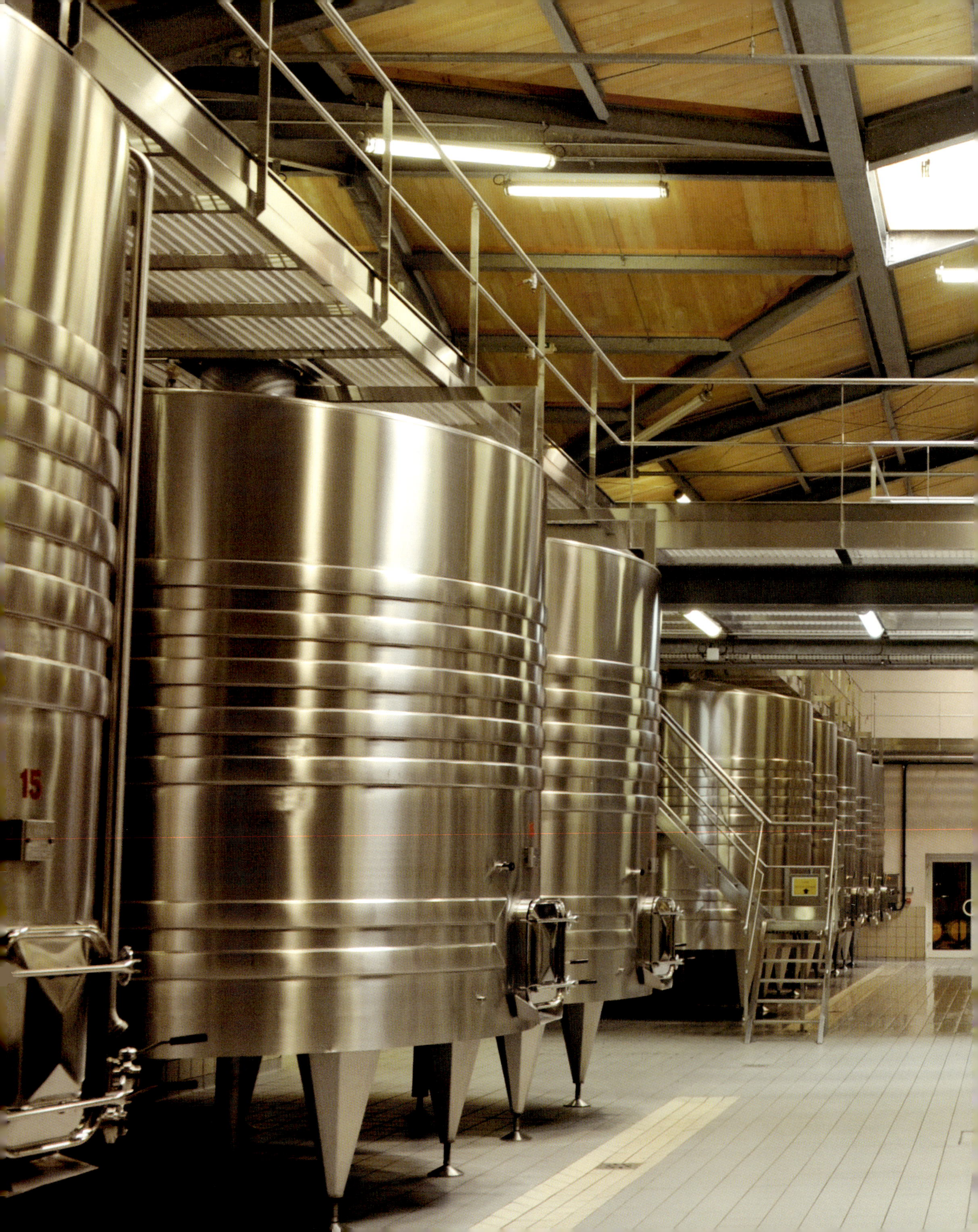
15

Adega moderna em um castelo em Margaux, vinícula mais famosa de Gironde.

"Graças sejam dadas a Deus: a porta da taberna está aberta! Fala de música e de vinho; não procures penetrar nos segredos do Universo. Nunca ninguém resolveu este enigma pela filosofia, nem o resolverá jamais! Cultiva os prazeres, leva uma vida alegre, mas não faça como os outros, do Corão a armadilha da hipocrisia!"

Hâfiz (1325-1389)
Shiraz/Pérsia, em pleno apogeu muçulmano

Idade Média

Ao longo da Idade Média (assim como as letras e a ciência, pela Europa, estavam concentradas nas mãos da Igreja), a cultura da vinha igualmente florescia exatamente nas cercanias das propriedades e cidades episcopais. Eram os próprios mosteiros medievais seus principais produtores e comerciantes, além de dedicados consumidores do vinho. Além do mais, se beneficiavam com os tributos e impostos que camponeses e outros mercadores do vinho tinham que pagar aos compungidos monges. A Itália e a França presenciaram um desenvolvimento notório na produção e comércio de vinhos a partir da Alta Idade Média.

Os monges beneditinos, especialmente os franceses (graças ao santo que deu nome à congregação, São Bento, que facultava uma boa porção de vinho para acompanhar as refeições a todo monge) foram sempre os mais notórios no desenvolvimento da vitivinicultura, detendo em suas propriedades e administrando pessoalmente os mais renomados vinhedos da época. Graças ao dinamismo de tal prática religiosa (e por sua facilidade de transporte e escoamento da mercadoria), a França, a partir desta época, irá se tornar o maior centro de produção de vinhos em todo o Ocidente.

Identificando os rótulos

Os rótulos nas garrafas são espécie de documento de identidade daquilo que ela guarda em seu conteúdo, o vinho em questão. Cada país estabelece uma legislação própria para determinar o histórico e as informações específicas que um rótulo deve trazer. No Brasil, para os vinhos nacionais, no rótulo devem estar inscritas as principais informações (nome do vinho, produtor, tipo de uva, região ou denominação de origem, ano da safra, teor de álcool, etc.). Também para a grande massa dos vinhos importados é preciso acrescentar um contrarrótulo que irá descrever, em maiores detalhes, sua origem e o nome da empresa que está importando o produto.

A leitura do rótulo é fundamental para a aquisição, com maior segurança, do que se está comprando ou para beber. Não é tarefa fácil, e pode confundir até aos mais familiarizados com o universo do vinho – dada a moda de certos produtores modernos em exagerar ou confundir maliciosamente certas especificações. O rótulo compõe-se, normalmente, de:

- "Nome do vinho" que, não raro, é o mesmo nome do vinhedo que o produz.
- "Tipo de vinho e de uvas" – indica se é um branco,

tinto, espumante, etc., e que castas de uva o compõe; se trouxer apenas um nome de uva, trata-se de um vinho do tipo "varietal", que significa exatamente feito de uma única casta; se vierem nomeadas uma ou mais uvas, estamos diante de um vinho "de corte", que é um dos vinhos de "assemblage" ou "blended" (que, por sinal, têm recebido uma entusiasmada aceitação entre os consumidores atuais, e que os vinhos do Novo Mundo dão preferência por produzir e ainda especificar, no rótulo principal, quais as uvas que deram personalidade a ele. Os vinhos tradicionais europeus não costumavam mencionar esta lista de castas, mas sim, ocasionalmente, o contrarrótulo poderia trazer a composição).

- "Classificação de origem" é outro detalhe importante na leitura para se assegurar da procedência e tipicidade daquela região produtora (e aí entra aquela profusão de iniciais que só mesmo os "iniciados" decodificam com segurança, a exemplos de: AOC, VDQS, IPR, IGT, DOC, TBA, etc., etc. – esta última é da Alemanha para os vinhos da categoria "Trockenbeerenauslese"…, e não se sinta intimidado se a desconhecia). Outros subtítulos, como reserva, gran reserva, gran cru, seleção especial, podem (ou não) significar a qualidade e superioridade do vinho – muitas vezes, são apenas artifícios de marketing do produtor, especialmente em países onde as leis não são severas neste controle.

- "Engarrafamento na origem" costuma ser menção facultativa, mas especifica se aquele vinho foi produzido no mesmo local de seu plantio, muitas vezes pelo mesmo proprietário do vinhedo, ou se é um vinho produzido com uvas de origem anônima ou de produtores diversos (é o caso dos Vin de Pays e Vino di Tavola).

- "Teor alcoólico e ano da safra" – são duas especificações que a maioria dos produtores mundiais de vinho adota para seus rótulos, e que facilita especialmente o conhecimento da idade daquele vinho – mas não obrigatoriamente quanto à qualidade da safra naquele ano (ver mais em: "Safra").

Ice wine

O Canadá é mestre em produzir um vinho deste arquétipo: doce, untuoso, expressivamente concentrado, obtido através de cachos que ficaram literalmente congelados nas vinhas durante os rigores do outono, e até do inverno. O chamado Ice Wine é feito de uvas brancas que, em condições climáticas muito frias, possibilitam o congelamento da água, assim concentrando os açúcares e seus predicados. Ao

Inniskillin Vineyard, Niagara Icewine Festival 2010

serem prensadas, tais uvas que sofreram congelamento permitem separar a água, deixando, entretanto, um sumo muito doce e concentrado.

Os alemães já haviam descoberto a técnica, produzindo o histórico Eiswein, desde 1794, na Francônia.

In vino veritas

A citação em latim é atribuída ao filósofo e historiador Plínio, o Velho, e a validade de seu significado atravessa os séculos, tal como a bebida que a justificou. "No vinho está a verdade" era afirmativa também defendida pelos gregos antigos, como registra o poeta da Grécia pré-românica, Alcaeus. Mas este atributo não é um privilégio do vinho, sendo um dos efeitos das bebidas alcoólicas em geral, que conseguem levar o homem a perder inibições, a autocensura, a sentir-se mais corajoso e, consequentemente a "soltar o verbo". Outros povos também criaram provérbios que contém, mais ou menos, o mesmo sentido. É o caso da citação do Talmud dos hebreus que sabiamente analisou: "Um homem pode ser conhecido por três coisas: pelo seu copo de vinho, pelo seu bolso e pela sua inveja".

Islamismo

Ainda que o Corão, o livro sagrado do Islamismo, apresente passagens garantindo para seus eleitos que, na outra vida, ao ingressarem em seu Paraíso, haverá fartura e prazer permanentes (entre eles: "rios de vinhos que não cessam, a delícia suprema para os que bebem"), a religião predominante dos países do Mundo Árabe há muito proibiu o consumo de bebidas alcoólicas. Portanto, apesar de terem sido um dos berços da cultura da vinha na história da humanidade, países como o Irã (ex-Pérsia) ou Marrocos hoje apresentam um lento ou nulo desenvolvimento da vitivinicultura.

No entanto, não é bem o que revelam alguns dados espantosos – segundo recente publicação da Associated Press. O Marrocos, no ano passado, se tornou o maior produtor de vinhos do mundo muçulmano, com 38 milhões de garrafas registradas e milhões em taxas e impostos recolhidos por aquele estado.

A maioria das vinícolas (que, na verdade, não chega a uma dezena) pertence a comerciantes marroquinos, e que se declaram oficialmente religiosos, mas explicam que, na teoria, o vinho é para atender ao comércio exterior e ao turismo. "Marrocos é o país da tolerância", explicou um dos maiores vinicultores locais, um muçulmano. Ele somente não soube dar explicações convincentes quanto ao consumo interno daquele país: 1,2 litros de vinho per capta ao ano!...

"Ouço dizer que os amantes do vinho serão condenados: se os amantes do vinho e do amor forem para o Inferno, deve ficar vazio o Paraíso."

Omar Kayyam / Rubaiyat

Jerez de la Frontera

Refere-se a DO (Denominação de Origem) mais prestigiada na produção dos apreciados vinhos fortificados da Espanha, conhecidos como Xerez, Sherry ou Manzanilla (ver mais em: "Xerez"). Está situada ao sul de Sevilha, e apresenta solo e clima dos propícios ao plantio das uvas brancas, Palomino fino e a Pedro Ximénez, além da Moscatel, com as quais são preparados os famosos vinhos da região, que tanto podem ser secos como muito doces.

Jovem

Termo que adjetiva todo vinho que não passou por nenhum processo de amadurecimento. São geralmente frutados, pouco tânicos, mais leves e sem muito corpo. Os vinhos brancos, em sua grande maioria, são vinhos jovens. O Beaujolais Noveaux, um vinho muito especial produzido com a uva Gamay, na Borgogne, indica no seu próprio nome que acabou de ser engarrafado, está deliciosamente fresco e jovial e que, portanto, deve ser bebido e apreciado enquanto conservar a juventude. Por ser assim tão juvenil e viçoso, o Beaujolais, apesar de tinto, fica ótimo se servido a temperatura tão fresca quanto a que se recomenda para um branco.

Jura

Região demarcada ao leste da França, seus vinhos não são muito conhecidos no mercado internacional.
No entanto, Jura produz um vinho típico denominado "Vin Jaune" (vinho amarelo), que guarda muitas semelhanças com os vinhos fortificados espanhóis, no mesmo estilo do Xerez. Nesta região montanhosa do Jura são cultivadas castas brancas de nome Savagnin, que tanto se transformam no famoso Vin Jaune, assim como podem produzir um vinho branco seco que, além de qualidades próprias, carrega um longo potencial de guarda. A única casta tinta do Jura, a "Pousard", é igualmente pobre em pigmentos, mas capaz de produzir um tinto (quase alaranjado) muito particular, o Poulsard do Jura (às vezes, também chamado de Arbois), um vinho único e recomendado para pratos leves, entradas, ou como aperitivo de verão.

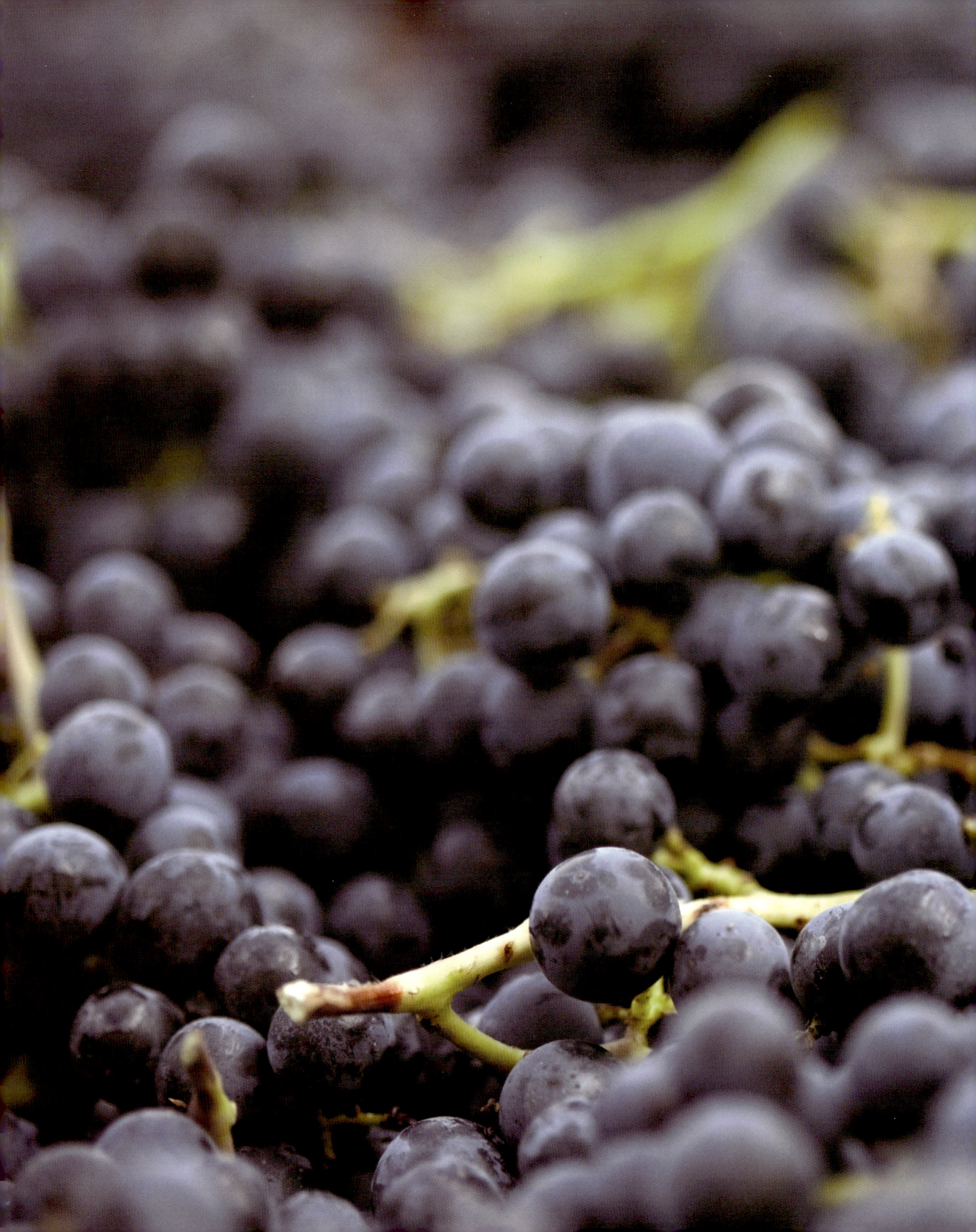

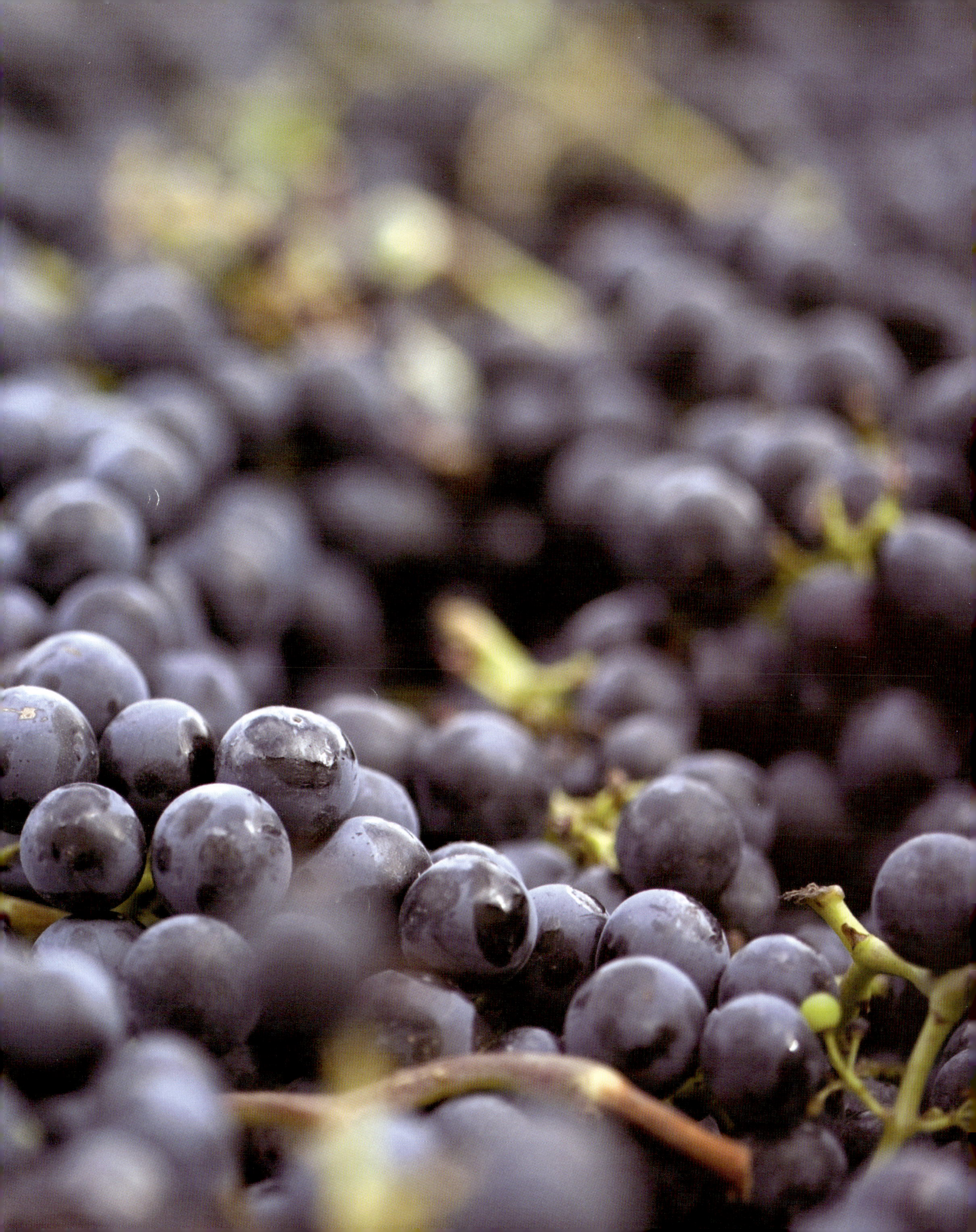

L

"Mais vinho! ... Se o vinho nos abre o Inferno, primeiro nos mostra o céu!
É temporal na bonança! É calmaria no escarcéu! Vulcão a escaldar o gelo! É vida que desce à campa!
É prazer que esmaga a dor! Dá sol à noite da vida e febre aos beijos de amor!"

Tomás Ribeiro

LBV

É a sigla que identifica um tipo superior de vinho do Porto, informando que aquele vinho, "Late Bottled Vintage", além de ser, ao contrário do Porto comum, um "vintage", ou seja, de uma única e determinada safra, ele também ficou amadurecendo, de quatro a seis anos em barrica de madeira, antes de ser engarrafado. Porém, nas denominações atribuídas aos vários tipos de vinhos do Porto (ver mais em "Vinho do Porto"), um LBV fica num segundo plano em relação a um Porto nomeado simplesmente "Vintage". Isto porque, além de ser geralmente um vinho filtrado, a safra declarada no rótulo de um LBV não precisa ser necessariamente excepcional, como no caso de um Porto Vintage. Mas não deixa de ser uma alternativa mais refinada e elaborada, em relação aos tipos tradicionais e corriqueiros de Porto – e mais acessível, se comparada com um atestado vintage.

Lambrusco

Casta de uva típica da Emilia Romagna, da Itália, e que faz o vinho leve e jovem, do mesmo nome. Um vinho muito simples, frisante ou gaseificado, possuindo caráter frutado e refrescante, tipo de vinho que já foi moda no mundo, lá pelos anos 70, mas caiu no ostracismo ou até no repúdio entre a crítica abalizada. No Brasil ainda persistem seus consumidores, alcançando uma boa fatia do mercado – tanto pelo seu preço módico como pelo sabor adocicado e ligeiro, que agrada facilmente aos paladares menos "viajados".

Limoux

Limoux é a localidade da França, vizinha aos Pirineus, que reivindica a "invenção" do vinho tipo champagne muito antes que aquele célebre monge de Champagne o fizesse. O vinho Blanquette de Limoux é o mais antigo espumante da França – assim reza a tradição da localidade – feito com a uva local, a Mauzac ou Blanquette. Outro vinho da região que está fazendo sucesso é o Crémant de Limoux, que adaptou a antiga fórmula, porém usando apenas 10% da uva Mauzac, completados com Chardonnay e Chenin Blanc. O resultado é um vinho espumante muito agradável e de preços bem mais competitivos.

Loire

Vale do Loire, a noroeste da França, por excelência é o lar de alguns reputados vinhos rosés. Levíssimos e vibrantes, como o conhecido Rose D'Anjou, ou mais sofisticados e secos, como os vinhos de Sancerre, o Loire é mestre, ao lado da Provence, na vinificação em rosé – o que não quer dizer que ali se plantam uvas rosadas, nem muito menos se mistura vinho branco com um pouco de tinto até chegar ao tom... Para um bom rosé, as uvas tintas são maceradas com delicadeza, mas retirando suas cascas em breve tempo para que não deixem traços muito coloridos. Saumur dá nome a outra denominação no Loire, com vinhos rosés e também tintos de certa expressão.

O Val de Loire é também marcante pelas denominações do "Muscadet", de cepa do mesmo nome capaz de render vinhos brancos finos com leves notas florais, de aromas delicados e elegantes. Também é original da região de Nantes, onde se encontra o Vale do Loire, um tradicional e antigo método de fermentação, hoje em dia pouco praticado no mundo: o método "sur lie" – que é quando o mosto estagia por todo o inverno no tonel ou na cuba, mantendo-se sobre suas borras até o engarrafamento. Processo este que acentuará o buquê e a fineza do vinho, além de promover uma ligeira efervescência em alguns Muscadets.

Lojas especializadas

Por comodismo ou inexperiência, a grande maioria dos consumidores adquire seus vinhos no supermercado. Vinhos simples ou para o dia-a-dia, estes grandes estabelecimentos varejistas podem oferecer alguma qualidade, ao lado do atrativo de um preço ocasionalmente mais acessível, mas não é essa a regra geral (e vinhos de renome, além de raros, tendem a custar "os olhos da cara" nos supermercados). As lojas especializadas costumam oferecer melhores preços, ampla variedade de produtos e marcas. E ainda suas condições de atendimento podem ser bem mais seguras, pois contam com funcionários devidamente bem informados no assunto. Ou igualmente aconselhável é fazer suas compras diretamente com o comerciante ou importador dos vinhos.

Tais lojas de vinhos, ou mesmo as importadoras, não raro promovem eventos com degustação de uma determinada linha de produtos para os clientes, ou até mesmo realizam jantares, com ênfase na harmonização de vinhos especiais para o cardápio. São boas oportunidades de se provar e conhecer os vinhos em suas detalhadas características – o que seria impossível naquele passeio pelas prateleiras de vinho do supermercado.

Outra novidade que toma conta do mercado é a aquisição de vinhos através dos sites especializados que se multiplicam na Internet. A grande maioria das importadoras já oferece tal serviço (publicando seus catálogos e artigos on line, em espécie de enoteca virtual das marcas que comercializam diretamente com o consumidor), além de empresas virtuais que se especializaram na matéria e trabalham com vinhos de várias procedências. Em suma, esta não deixa de ser uma alternativa cômoda e eficaz, além de permitir o conhecimento de uma escala maior no vasto e dinâmico mundo do vinho.

M

"Um homem que não bebe senão água possui um segredo a esconder dos seus semelhantes."
Baudelaire

Madeira (o vinho)

Com um processo original de fortificação, o tradicional vinho da Ilha da Madeira passa por um estágio de caramelização do açúcar e de oxidação, que se dá através de seu aquecimento, obtido por estágio em estufas por mais de três meses, o que lhe confere um bouquet e sabor muito particular. Pelo processo chamado de "estufagem", os vinhos Madeira adquirem um caráter complexo, deliciosamente perfumado a nozes, damascos, frutas maduras e chocolate, e ainda consegue uma capacidade de envelhecimento que pode atravessar os 200 anos.

Nos tempos áureos das cortes européias, este vinho já foi o predileto entre os nobres e as realezas que pagavam fortunas pelo seu comércio. Nos dias de hoje, estranhamente, o Madeira perdeu muito do seu prestígio e já não seduz o consumidor (nem dele se fala na medida do seu justo merecimento).

Os vinhos Madeira são obtidos das quatro variedades de cepas locais: a Sercial, a Verdelho, a Malvasia e a Bual. Excelente como vinho de sobremesas que levem nozes, amêndoas e frutas secas, ou mesmo na companhia de queijos marcantes.

Málaga

Outro vinho espanhol ao estilo do Xerez, ele é proveniente da cidade que lhe dá o nome, na Andaluzia. De sabor marcadamente doce, graças às uvas Moscatel e a Pedro Ximénez, e ao método de deixá-las secando ao sol depois de colhidas, a fim de que concentrem bem seus açúcares. Passa pelo mesmo processo dos vinhos fortificados, recebendo uma dosagem de aguardente vínica durante a fermentação (e ainda é colorido com um sumo de uvas concentrado e não-fermentado). Seu aroma combina especiarias e seus sabores são complexos e marcantes. Um vinho para longa guarda, como seus congêneres que, quanto mais ganham em tempo, mais crescem em expressão.

Mercado mundial

Produção e consumo de vinhos no mundo:
(Fonte: Wine Institute – 2011)

Produção (milhares de hectolitros/ano)		
1º	Itália	51,50
2º	França	45,69
3º	Espanha	36,78
4º	EUA	24,27
5º	Argentina	15,01
6º	Austrália	14,75
7º	China	14,50
8º	Alemanha	10,36
9º	África do Sul	10,30
10º	Chile	8,69
11º	Portugal	6,04
12º	Romênia	5,28
13º	Russia	5,00
14º	Moldávia	3,65
15º	Grécia	3,33
16º	Hungria	3,32
17º	Brasil	3,00

Consumo (litros per capita/ano)		
1º	Vaticano	51,50
2º	Ilha Norfolk	45,69
3º	França	36,78
4º	Luxemburgo	24,27
5º	Andorra	15,01
6º	Itália	14,75
7º	Portugal	14,50
8º	Eslovênia	10,36
9º	Ilhas Malvinas	10,30
10º	Croácia	8,69
11º	Ilhas Turks & Caicos	6,04
12º	Ilhas Cayman	5,28
13º	Suíça	5,00
14º	Hungria	3,65
15º	Espanha	3,33
16º	Grécia	3,32
17º	Áustria	3,00
98º	Brasil	1,81

Mercado nacional

Apesar de os índices de consumo per capita enquadrarem o Brasil em modesta colocação (98º - ver tabela acima), se atentarmos para o volume de litros comercializados ao ano (algo perto de 180 milhões de litros de vinhos finos e de mesa movimentaram o mercado em 2009 – segundo dados do Instituto Brasileiro do Vinho (Ibravin)), eles podem indicar um expressivo e constante incremento. O mesmo Ibravin estima um crescimento médio anual para o setor na ordem dos 30,5%. A marca inclui o volume de vinhos importados de várias regiões vinícolas mundiais e os produzidos no Brasil. Aqui, os índices são bastante auspiciosos: um mercado que vem crescendo em torno de 26,6%, computando a inclusão das vinícolas produtoras de Santa Catarina e do Vale do São Francisco.

Para o espumante produzido no Brasil, a tendência é por alta histórica (de acordo com levantamento do Ibravin – primeiro trimestre de 2010), com acréscimo nas vendas alcançando 84% em relação à média dos últimos cinco anos.

Minervois

O Minervois é um vinho proveniente do Languedoc, vasta região vinícola ao sul da França, próxima do mar Mediterrâneo, sediada em meio a olivais e carvalhos verdes. Se tintos, os Minervois têm como base as castas Grenache, Syrah e Mourvèdre, guardando aromas de frutos selvagens e especiarias, pronunciando-se como vinhos generosos e carnudos. Por ter sido considerada uma região não muito nobre, produtora de vinhos "rústicos", o Languedoc-Roussilon costumava apresentar vinhos bastante interessantes, mas a preços bem mais atraentes que o dos seus vizinhos, como, por exemplo, os vinhos Cotê du Rhône. Nos últimos tempos, o Minervois, bem como outras sub-demarcações da área do Languedoc, tem conseguido surpreender com uma produção mais sofisticada dos mesmos vinhos "encorpados", e também envelhecidos e apurados em carvalho, tendo inclusive levado nomes prestigiados da vinicultura a investir na produção de vinhedos em suas terras.

Montepulciano

A pequenina cidade Montepulciano localiza-se dentro da endeusada região da Toscana, que é célebre pelos vinhos Brunello e Chianti. Porém, seu vinho, o Montepulciano, se mantém modestamente num patamar menos comentado. A uva que lhe dá origem é também a toscana Sangiovese e, no entanto, pode trazer modestos resultados se não contar com o certificado de um bom produtor. O Montepulciano pode ser um Rosso – versão mais simples – ou um Vino Nobile de Montepulciano, exemplar capaz de envelhecer bem, vinho encorpado e de taninos firmes, aromas sofisticados a especiarias, minerais e madeira. Outro vinho italiano costuma causar certa confusão com este: o Montepullciano d'Abruzzo, que é feito no sul da Itália, precisamente na Puglia, e bastante distinto deste parente próximo dos Chiantis e Brunellos – o Nobile de Montepulciano.

N

"Toma uma ânfora de vinho, senta-te ao luar e bebe, lembrando-te de que, talvez amanhã, a lua te procurará em vão."

Omar Kayyam / Rubaiyat

Napa Valley

É a mais importante região vinícola da Califórnia, situada em terrenos argilosos e de propícia drenagem, às margens do litoral sul daquele estado americano. Vinhos do Napa Valley indicam cepas de fina qualidade que adquirem características bem especiais, graças ao microclima e aos ventos marinhos do Pacífico, que conferem à vindima toques de frescor e maciez. Algumas casas produtoras do Napa Valley desenvolveram tecnologias sofisticadas de vitivinificação, e conseguiram criar um verdadeiro mito em torno de seus rótulos, dando origem a alguns dos cultwines mais prestigiados da América do Norte – entre eles, o do famoso diretor cinematográfico, e também vinhateiro, Francis Ford Coppola.

Seus vinhos conquistaram tamanha fama e prestígio após um episódio célebre: a legendária degustação de 1976, em Paris, quando foram colocados vinhos americanos provenientes de vinícolas, que 15 anos antes nem mesmo existiam, frente aos melhores 1ers. Crus e Grands Crus franceses. Ao final, renomados degustadores franceses, os únicos que compunham o júri, concederam a maior pontuação aos vinhos americanos. Pela seriedade do julgamento, houve enorme repercussão quando foi revelado que os jurados deram os primeiros lugares ao Stag´s Leapcask 23 Cabernet Sauvignon-1973, e ao Chateau Montelena Chardonnay-1973, ambos do Napa Valley. Desde então, Napa Valley deixou de ser somente vaga referência geográfica para se incorporar ao vocabulário dos apreciadores de vinhos de qualidade como uma área que produz exemplares comparáveis aos melhores do planeta.

Nebbiolo

Uva típica da região do Piemonte, vizinha aos Alpes italianos, esta variedade de uva tinta responde por alguns dos mais notáveis e vigorosos vinhos da Itália, entre eles o Barolo e o Barbaresco: vinhos densos, plenos de corpo e taninos muito ricos, que, portanto, requerem anos de amadurecimento na garrafa até atingir a plenitude e a maciez apreciadas. Sua riqueza de aromas irá se manifestar à medida que os anos avançam, o que faz dos vinhos produzidos com a Nebbiolo (especialmente no caso dos dois acima citados) dos mais habilitados vinhos do mundo para

Nero D'Avola

Uma das castas viníferas mais antigas e presentes desde a romanização do mundo antigo, a Nero D'Avola é ainda hoje a espécie de uva mais típica e cultivada da Sicília, ilha ao sul da Itália. Reproduz vinhos bastante interessantes, firmes e potentes, e com relativa aptidão ao envelhecimento. Seus preços acessíveis fazem dos vinhos praticados com cortes de Nero D'Avola uma opção de personalidade, ideal para acompanhar desde pizzas, embutidos e massas, a assados aromatizados generosamente com ervas.

Novas tecnologias

Apesar das poucas mudanças em centenas e até milhares de anos, desde que a humanidade cultua esta bebida, algumas novidades, em pleno século das revoluções tecnológicas, vão sendo lentamente introduzidas e mais lentamente ainda assimiladas.

No que tange à rolha (ver mais em: "rolha de cortiça"), ao fechamento da garrafa, duas alternativas foram desenvolvidas e estão sendo disseminadas no mercado – no início, com boa relutância do apreciador, convenhamos.

A primeira novidade foi a rolha sintética. Surgida nos anos 90, ela, ao que tudo indica, veio para ficar, revelando-se uma alternativa bem mais prática e econômica para o produtor de vinho do que a original rolha de cortiça, extraída do tronco da árvore sobreiro. A sintética é feita de material plástico de tecnologia sofisticada, cumprindo relativamente bem a função de vedação da sua antecessora. Vinhos para o consumo enquanto jovem, vinhos que não irão se submeter a uma longa guarda, parece que se adaptaram com sucesso ao derivado sintético. E, assim, também acabou o drama com vinhos contaminados pela rolha de cortiça – que pode conferir o desprestigiado "gosto de rolha" ou de bolor produzido por um fungo da cortiça.

serem guardados e envelhecidos por décadas em suas garrafas. O nome desta casta provém do clima de invernos rigorosos da região de origem, e quer dizer "nebbia", a névoa que percorre todos os vinhedos do Piemonte durante o outono. Alguns países também tentaram produzir vinhos a partir da Nebbiolo.

O melhor exemplo fica com alguns produtores da Austrália, e também com algumas experiências de relativo sucesso na Califórnia e na Argentina.

Outra alternativa, adotada principalmente por muitos produtores do Novo Mundo, vem a ser a tampa de rosca, feita de metal. Aqui a vantagem é dispensar o abridor ou o saca-rolha e ainda, dizem, conservar os vinhos com o mesmo grau de proteção contra entrada de ar na garrafa, que a primitiva rolha. Racionalmente, é mesmo convincente. Porém, um vinho nobre que é para envelhecer muitos e muitos anos, sinceramente, merece uma rolha de altíssima qualidade porque elas interagem com o precioso líquido, em sua capacidade de elasticidade e relações microscópicas com o ar... Coisas que uma reles tampa de metal parece não estar apta a alcançar.

Em relação ao recipiente, a tradicional garrafa de vidro, há novidades igualmente. Conhecida por "Bag in Box", trata-se de uma caixa de papelão que substitui a velha garrafa. Dentro dessas caixas, com capacidade que varia de 2 a 5 litros, o vinho é armazenado em bolsas térmicas e completamente vedadas a vácuo. A tecnologia consiste numa bolsa de filme transparente de poliéster ou de nylon que permite a conservação do vinho, sem oxidação, mesmo em uso, por cerca de dois meses. Para servir o vinho, basta abrir uma torneirinha, acoplada à caixa, com uma válvula especial que impede a entrada de ar.

A caixa de papel cartão, na parte externa, protege o conteúdo da luz, de atritos e outros danos, e funciona como o espaço ou rótulo da marca do vinho assim "engarrafado", ou melhor, acondicionado.

A moda começou nos Estados Unidos, foi amplamente aceita entre os mercados norte-europeus, como na Escandinávia, e foi rapidamente adotada por produtores australianos; todos eles assegurando que houve um incremento no consumo anual per capita de vinhos na nova embalagem, em mais de 200%.

O mercado de produtores de vinho brasileiro também aderiu à novidade, especialmente entre as mais destacadas vinícolas das serras gaúchas, que passaram a comercializar seus produtos na embalagem "bib", de olho no mercado de restaurantes, bares e hotéis.

As vantagens alegadas parecem convincentes: para os vinhos, a bag-in-box prova ser uma embalagem prática para armazenamento e ideal para servir o vinho em taça, garantindo as propriedades da bebida por mais tempo (até 3 meses) do que no caso de uma garrafa aberta. Também oferece baixo custo, pois o preço médio (no exemplo de marcas nacionais, como Miolo, Alto Vale – Valduga, Do lugar, DalPizzol, entre muitas outras) é cerca de 50% inferior ao equivalente em garrafa.

Romale
BODEGAS
Bodegas
BODEGAS
Bodegas
Roma
Bodegas
Romale
PAYVA
MARTINE
DENOMINACION
Bodegas

O

"Nuncestbibendum" (Agora é hora de beber)
Horácio (65 a.C.)

Orgânico

Como tudo que é agricultável, que passa pela terra e dá seus frutos, o vinho também vive a nova onda de consciência ambiental e ecológica, com alguns produtores (muitos deles no firmamento das estrelas de grandeza máxima) aderindo a uma bio-vitivinicultura, ou aos chamados "vinhos orgânicos". Ou seja, aditivos e compostos químicos ou industriais são banidos tanto de suas plantações como no momento de elaborar seus vinhos. O resultado, em alguns casos, vale o preço ou a experiência. Madame Lalou, uma senhora absolutamente comprometida com a alta patente dos vinhos de Borgogne, e herdeira de propriedades vinhateiras nas cercanias do Vosne Romané Conti (o ápice do crème-de-la-crème da Borgonha), é um modelo nesta prática. Em alguns trechos dos seus vinhedos, nos vinhos sob o rótulo "LeRoy", uma seleta produção é cultivada e vinificada sob os mais rígidos princípios naturalistas, chegando inclusive a obedecer um calendário lunar e astrológico.

Orvieto

Já foi o vinho preferido dos Papas, ao longo da Idade Média (Gregório XVI chegou ao exagero de deixar um testamento exigindo um banho em Orvieto antes de seu sepultamento). Hoje, o vinho que leva o nome da mesma cidade italiana de origem suscita infinitas e justas controvérsias, pois o mercado atual apresenta versões muito duvidosas e inexpressivas deste exemplar da Itália central, produzido especialmente com a uva branca Trebbiano. A opção mais segura é pelo Orvieto Clássico (inscrito no rótulo), com aromas sutis de amêndoas e levemente frutado. Enfim, um vinho leve e casual para alegrar pratos de verão (ou aperitivos à beira-mar) ou da piscina.

Ostras (e champagne!)

Um clássico da harmonização no tema "comida e seu tipo de vinho ideal": ostras frescas e ao natural, na companhia de um champagne de raça é prazer que se inscreve entre as dez melhores coisas da vida, e que pode justificar esta deferência especial (sem comentários para aqueles que torcem o nariz diante do molusco in natura... – a recomendação é pular o verbete).

O casamento destes dois ícones da gastronomia já rendeu bares especializados no assunto, como alguns bistrôs da França e os nova-iorquinos oyster-bar.

Entre os apreciadores da iguaria que leva dentro da concha a essência dos mares, há os que defendem que um vinho Chablis é a combinação mais insinuante para um prato de ostras frescas. Por que não experimentar as duas hipóteses? E, por que não, ousar com outros marcantes Chardonnays do Novo Mundo?

Oxidação

O contato com o oxigênio leva o vinho a oxidar e a estragar – e o fato é tão certo como qualquer lei da física. Para minimizar o estrago, depois de abrir a garrafa e pensar em guardar o vinho que porventura sobrou, inventaram até o mecanismo daquela rolha com alavanca, que vai sugando todo o ar da garrafa – o vacum. Mas parece que nada de fato consegue preservar um vinho em toda sua característica, uma vez em contato com o ar. Uma vez aberto, pode resistir três dias, guardado firmemente fechado e dentro da geladeira – e olhe lá!... A oxidação é o motivo pelo qual o engarrafamento e guarda do vinho dependem incrivelmente de uma boa rolha. E mesmo quando a garrafa não foi aberta, rolhas e outros lacres podem não funcionar, deixar passar vestígios de ar e, então, adeus bom vinho...

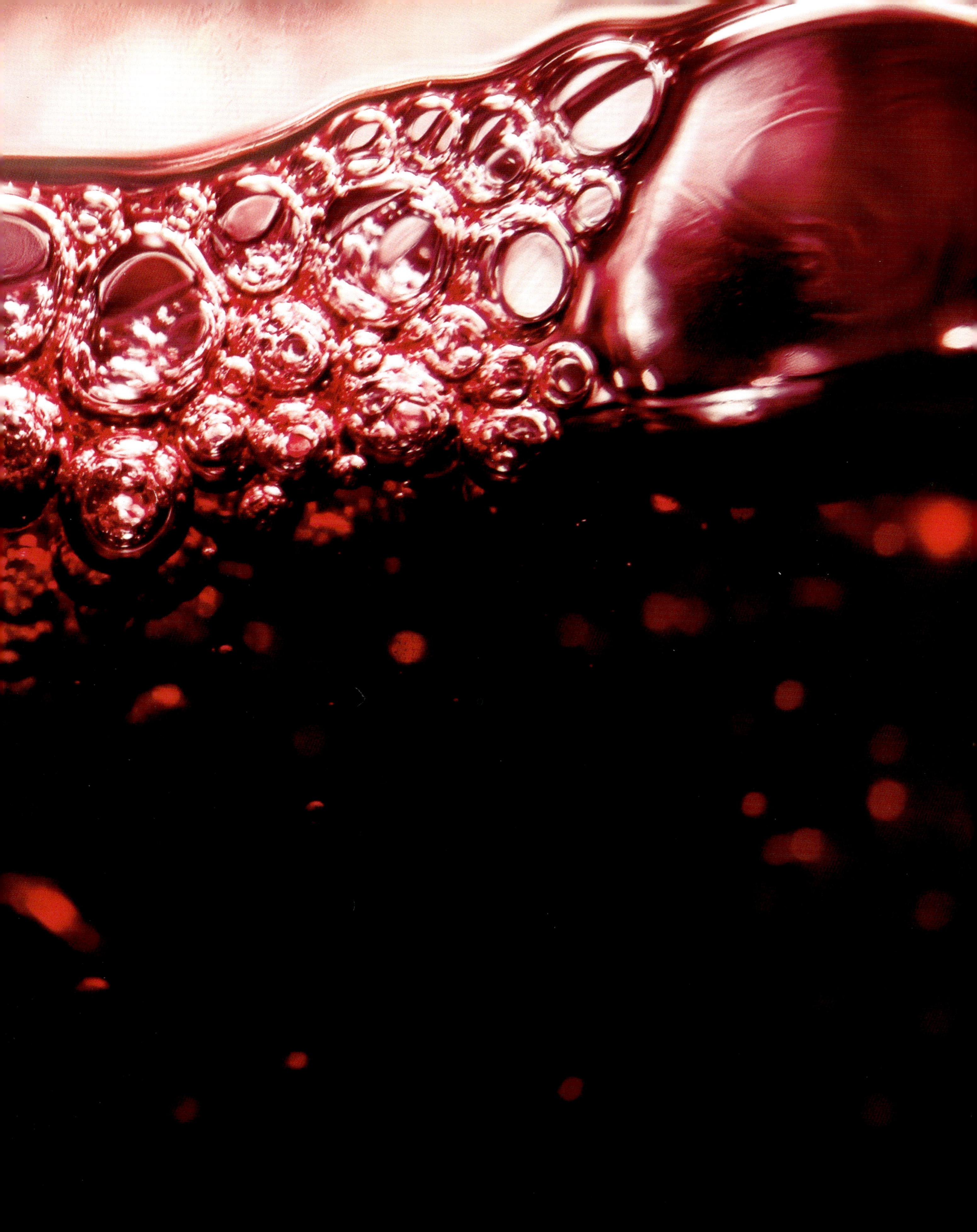

"O vinho, o azeite e o trigo são símbolos da Eternidade".
Jean Arrouye

Países produtores - Europa

Alemanha

Em razão do clima muito frio, a Alemanha é conhecida por sua histórica vocação de produtora de vinhos brancos devido à melhor resistência das uvas brancas ao restrito verão, e a pouca insolação, o que interfere na boa maturação de uvas tintas. Infelizmente, os grandes vinhos produzidos naquele país são pouco conhecidos e comercializados no mundo, talvez pelos preços pouco competitivos, e também por serem, em sua maioria, vinhos muito doces. Ainda que alguns sejam extraordinários e obedecendo ao estilo colheita tardia e de uvas intensamente maturadas (podridão nobre), e que também não faltem exemplares de belos e personalizados brancos secos. Além do que, os vinhos alemães mais exportados acabam sendo os de qualidade duvidosa – açucarados e de baixa graduação alcoólica (como aqueles que cerca de 20, 25 anos passados eram best-sellers entre um incipiente, mas emergente, mercado para vinhos finos no Brasil).

A uva mais característica e presente nos vinhedos alemães, com larga predominância, é a Riesling – a ponto de concentrar mais de 63% de toda a produção mundial desta cepa. E, de fato, os brancos Riesling de solos germânicos são incomparáveis, graças às características herbáceas, frutadas e minerais, só comparáveis aos vinhos da Alsácia francesa (por sinal, vizinha geográfica e de terroir). Ahr, Baden, Franken, Mittelrhein e Mosel estão entre as principais regiões vinícolas da Alemanha. Porém, mais que um produtor, o país se constitui num grande importador de vinhos – 14,12 milhões de hectolitros anuais (da Itália, França e Espanha) contra 2,89 milhões, exportados principalmente para os EUA, França e Itália.

Espanha

A Espanha é hoje o terceiro maior produtor de vinhos do mundo, somente atrás da França e Itália. Anteriormente, circunstâncias econômicas e políticas não tinham sido boas para sua indústria vinícola desde a "phylloxera" do século XIX – praga que dizimou todos os vinhedos mundiais – até quando passou a fazer parte da União Européia. Uma guerra civil e a 2ª Guerra Mundial, que se seguiu logo depois, praticamente isolaram e arruinaram o país. A partir de 1970, porém, tudo melhorou radicalmente, mas o grande período de isolamento deixou marcas nos vinhos espanhóis. Tendo um grande mercado interno ávido para beber vinho, eles eram feitos somente para os espanhóis. Isso significava o uso de uvas nativas e certo estilo de vinificação e envelhecimento em velhas barricas. É de se admirar o empenho dos espanhóis – uma vez que seu futuro econômico estava assegurado dentro da União Européia. Em menos de duas décadas, a Espanha tornou-se uma moderna nação vitivinícola. Empresários e proprietários de grandes vinhedos foram ágeis em modernizar e transformar os velhos lagares, onde as uvas eram pisadas, em instalações com equipamentos ultramodernos, equipando suas adegas com milhares de barricas francesas e americanas. Resultados impressionantes começaram a aparecer não somente nas antigas e tradicionais regiões, como a Rioja e Ribera Del Duero, mas também nas recentes e bastante personalizadas, cujo número hoje é superior a cinquenta.

O que há de mais excitante nos modernos vinhos espanhóis é o resultado do blend das tradicionais variedades nativas com as clássicas francesas, técnica esta praticamente adotada em quase todas as regiões, tanto as antigas quanto as novas. Porém, um dos fatores mais importante na recuperação do prestígio dos vinhos espanhóis foi a adoção da Denominação de Origem (DO), sistema oficial destinado a proteger a qualidade e reputação de vinhos e alimentos. A Tempranillo segue sendo a casta mais característica dos vinhos de Espanha.

França

A França não é o maior consumidor de vinhos per capita como muitos acreditam: é o terceiro, como também não é o primeiro produtor mundial, mas o segundo. Porém, à parte os números eloquentes, o fato mais notável é que a França é o país que produz os melhores vinhos do mundo. Eles têm íntima e tradicional associação com a cultura, história e estilo de vida franceses. O cultivo de uvas é o segundo produto agrícola mais valioso da França depois de cereais. Seus vinhos definem o padrão de qualidade aos quais todos os outros grandes vinhos mundiais são comparados. A tradição de qualidade se relaciona, em grande parte, com as inúmeras e favoráveis áreas de cultivo por todo o país, onde o clima combina com o solo, produzindo uvas de alta qualidade e, consequentemente, um amplo espectro de estilos clássicos de vinho.

Antes de tomar o inigualável Champagne, os suaves tintos da Borgonha, ou ricos vinhos doces de Sauternes (sem falar nos míticos Chateaux de Bordeaux), os consumidores sabem antecipadamente o que esperar de cada um. Escolhendo as melhores regiões e produzindo vinhos de grande categoria, sua indústria vinícola foi responsável pela reputação que a França goza de ser o principal país produtor de vinhos no mundo. Em vigor desde 1935, as leis da Appellation Contrôlée também são responsáveis por este sucesso. Elas se destinam a proteger a qualidade do vinho, definem a área na qual deve ser produzido e o rendimento máximo por hectare. Isso evita produção excessiva que resulta em diminuição da qualidade. Desta forma, o consumidor fica seguro de estar bebendo exatamente aquilo que comprou. Mesmo com toda a concorrência atual e evolução entre os outros produtores mundiais, um fato é inegável: o mundo aprendeu a fazer vinho com a França, e utilizando todas suas soberbas castas de uvas.

Itália

Após décadas de progresso nos vinhedos e nas adegas, os enólogos italianos continuam polindo seus estilos para se aproximar dos conceitos modernos e internacionais de sabor. Porém, a despeito da tendência universal em direção à estandardização dos tipos, o país que produz e exporta mais vinho que qualquer outro permanece sem rival como o campeão mundial da diversidade. Mesmo devido ao declínio da produção nacional, a posição de líder em vinhos Premium e em talentosos enólogos continua a se expandir. As chamadas variedades internacionais atingiram níveis admiráveis em algumas regiões. Entretanto, as maiores conquistas ainda vieram de variedades nativas com vinhos cujas personalidades únicas merecem elogios internacionais – a exemplo dos vinhos toscanos, com a célebre Sangiovese – com o Brunello de Montalcino – e, ao norte, dos vinhos do Piemonte, Barollo e Barbaresco. Mas, com tamanha variedade de clima e de solos, a Itália é mesmo a campeã em variedade e diversidade de cepas e estilos de vinhos.

O país produz mais de cinco bilhões de garrafas por ano, de vinhedos que se estendem desde os Alpes até as ilhas do Mediterrâneo. A verdade é que ainda ninguém conseguiu calcular, ou mesmo categorizar, todos os tipos. Há muito tempo, a Itália fornecia enormes quantidades de vinhos baratos, mas o aumento dos custos de produção e a crescente concorrência,

Foto: Divulgação Vinhedo da Vinícola Lovara, da Miolo Wine Group

países do chamado Novo Mundo para produzir vinhos finos iguais aos bons europeus, como fosse esse o único ingrediente para o sucesso. Na prática, ficou demonstrado um erro de avaliação. O fato pouco conhecido de que países como a África do Sul já tinham experiência na produção de vinhos há mais de um século ajudou, como também foram fundamentais o clima e o solo muito privilegiados. Mas o principal motivo foi o emprego simultâneo de moderna tecnologia no campo e no processo, associada ao uso de variedades viníferas bem adaptadas às condições locais.

A vinha existe naquela região desde 1654, quando foi introduzida pelos holandeses. Em pouco tempo, os vitivinicultores sul-africanos alcançaram resultados notáveis, produzindo vinhos de ótima qualidade. Stellenbosch, a cidade que Simon van der Stel fundou, é o centro da moderna indústria de vinhos do país. Além de Stellenbosch, as outras boas áreas são Paarl, Durbanville e Robertson.

Agora, livre do isolamento global causado pela segregação racial, a África do Sul pode vir a se tornar uma das grandes revelações de vinhos no século 21. Um sistema de apelação, criado em 1973, garante a autenticidade dos vinhos e, embora existam milhares de cultivadores de uvas, a produção está na mão de enormes cooperativas. Normalmente, os vinhos levam o nome da variedade, sendo as mais importantes a Cabernet Sauvignon, Shiraz, Merlot e uma especialidade local chamada Pinotage, híbrida de Pinot Noir e Hermitage. Porém, a uva tinta com maior potencial na África do Sul é a Shiraz que, em certos casos, chega inclusive a superar vinhos australianos. A uva branca de maior plantio é a Chenin Blanc, mais conhecida como Steen; com a Chardonnay, seus vinhos são ao estilo californiano com influência do carvalho e, ainda, sem esquecer a Sauvignon Blanc que alcança uma expressividade notável em alguns vinhos deste país.

Austrália

A despeito de produzir vinhos desde o século 18, foi somente nos últimos 30 anos, num salto qualitativo, que a Austrália passou a fazer parte do pequeno e seleto grupo de países produtores dos melhores vinhos do mundo. Isso foi conseguido graças ao enorme avanço tecnológico, mas também pela realização do potencial das uvas e do solo, fatores aliados a uma visão fixa no objetivo de produzir vinhos finos e mais expressivos. Uma vez assim engajados, os australianos progrediram tão rapidamente que até produtores estrangeiros não se deram conta que um novo concorrente de peso estava se armando. Até o início da década de 80, quase todo o vinho produzido no país era para consumo interno. Quando o volume cresceu dramaticamente, os produtores se concentraram nas exportações, aumentando-as dez vezes na mesma década – e, a partir de 2003, as exportações passam a representar mais da metade do total produzido.

A expressiva maioria dos grandes vinhos australianos emprega exclusivamente variedades clássicas francesas, sendo que duas se destacam das demais: Shiraz e Chardonnay. Menos utilizadas são a Riesling, produzindo vinhos suaves atrativos e alguns muito bons de colheita tardia, e a Semillon, em cortes. Por lei, os vinhos vendidos como varietais precisam ter pelo menos 85% da variedade declarada no rótulo.

A uva tinta mais representativa da Austrália é a Shiraz, ou Syrah, fornecendo vinhos sólidos e substanciais, muitas vezes cortada com Cabernet Sauvignon para maior complexidade. Isoladamente, a Cabernet também produz alguns dos melhores vinhos do país. A Pinot Noir é relativa. A Austrália também sempre produziu vinhos de sobremesa, botrytizados e fortificados, tipo Porto e Jerez, e que são agora pouco importantes.

Os vinhedos encontram-se espalhados por quase todo o território, mas praticamente todos os melhores vinhos produzidos são originários de New South Wales, Victoria e South Australia. Em New South Wales, os vinhedos são irrigados, os vinhos normalmente fermentados em aço-inox com temperatura controlada, e o carvalho usado com prudência. Em Victoria, onde há uma proliferação de pequenas propriedades, os vinicultores procuram as áreas mais frias para expandir a produção de varietais premium. Em South Australia, a viticultura é bem variada, desde a produção maciça de vinhos a granel até os mais finos varietais maturados em barricas de carvalho novo.

As vinícolas australianas, que ultrapassam 1.200, recentemente se expandiram para as áreas dos vales do Mudgee, Canberra e Hastings. O Barossa Valley e o Clare Valley, em Adelaide, South Australia, também se sobressaem pela concentração de importantes vinícolas. Enfim, os grandes exportadores australianos, e mais uma centena de pequenas vinícolas, estabeleceram firmemente a reputação da Austrália como um país produtor de vinhos de categoria mundial.

Nova Zelândia

No Novo Mundo do vinho, este é o país onde a Sauvignon Blanc se adaptou às mil maravilhas; o vinho neozelandês desta variedade, hoje, é reconhecido mundialmente como a referência inquestionável no assunto.

A Nova Zelândia, até pouco mais de três décadas, produzia unicamente vinhos fortificados e de mesa de péssima qualidade. A indústria do vinho de classe internacional somente surgiu a partir de 1980, quando mudanças favoráveis na política econômica daquele país ensejaram uma transformação surpreendente. Graças ao clima e solo adequados, tecnologia atualizada e mercado mundial receptivo, em curto espaço de tempo, os vinhos da Nova Zelândia, principalmente os brancos, passaram a se nivelar em qualidade com aqueles dos mais consagrados países produtores europeus, incluindo a França.

O sucesso vem alimentando o crescimento do número de produtores, hoje superior a 400, enquanto a demanda dos novos vinhos aumentou mais de oito vezes, na última década. Embora a Sauvignon

Blanc apresente-se com maior destaque na fase atual, a Chardonnay também merece atenção. Isto não significa que a produção de vinhos de qualidade se apoia unicamente em duas castas, pois as uvas Pinot Noir, amadurecidas lentamente pelo favorável clima frio, produzem vinhos tintos com grande riqueza de perfume, elegância e sabor – entre alguns dos melhores Pinot Noirs do Novo Mundo. Cabernet Sauvignon e Merlot também conseguem, embora em menor escala, resultar em bons vinhos.

Quase todas as áreas viníferas encontram-se nas principais ilhas: NorthIsland e SouthIsland. Na primeira, o clima frio marítimo é similar ao de Bordeaux nas temperaturas, porém mais chuvoso, sendo a mais importante e mais populosa ilha do país, e onde a indústria do vinho começou; possui cinco apelações, sendo Hawke´s Bay a de maior expansão e maior potencial para tintos, inclusive varietais do Rhône.

A South Island, embora mais fria, é mais ensolarada e seca. Com quatro apelações, tem um grande potencial para varietais premium. Marlborough é a sua mais famosa região vinícola, com seus famosos Sauvignon Blancs.

O Brasil começou a receber e reconhecer os vinhos neozelandeses há cerca de quinze anos. Quase todos brancos, e alguns tintos, serviram para demonstrar o grau de qualidade dos vinhos de um país até então mais conhecido pela criação de ovelhas e pelo kiwi. Com isso, criaram adeptos fervorosos, até porque, além de tudo, seus vinhos apresentam uma relação de custo x benefício extremamente favorável (como na maioria dos exemplos do Novo Mundo, que têm neste detalhe de mercado um dos seus grandes trunfos).

tanto doméstica quanto externa, influenciaram qualidade e preço. Os produtores foram forçados a investir com mais prudência e responder melhor às demandas, mas isso não diminuiu o senso italiano de individualidade. A escolha entre vinhas nativas ou estrangeiras, e entre métodos tradicionais ou modernos, dá aos enólogos múltiplas opções na criação de maior gama de diferentes vinhos que qualquer outro país.

Portugal

Seis milhões de hectolitros por ano colocam Portugal, atualmente, como o 11º produtor mundial de vinho. Porém, a produção de vinhos na Península Ibérica data da antiguidade, e ruínas históricas denotam que os romanos utilizavam a área para o plantio de vinhedos. Registros mais modernos mostram que o vinho de Portugal já era exportado para a Inglaterra, no início do século XII. A grande fase de desenvolvimento da vitivinicultura daquele país, porém, teve início em 1703, quando os dois países assinaram um tratado garantindo aos portugueses preferência sobre os vinhos franceses importados pela Coroa. Foi nesta época que nasceu a maior glória de Portugal, através de seus famosos vinhos fortificados Porto e Madeira. No final do século passado, com sua adesão à União Européia, Portugal passou a controlar a apelação de seus vinhos ao mesmo tempo em que se tornava um país "emergente", com premiados vinhos de mesa de qualidade internacional.

A imensa maioria dos vinhos portugueses é feita com uvas autóctones de nomes pouco conhecidos. Por este motivo, com exceções como Touriga Nacional, Alvarinho e poucos outros, os vinhos não são rotulados pela variedade e sim, por termos regionais das quintas produtoras ou nomes fantasia. Vinhos monovarietais também são raros, pois quase todos contém várias uvas. As principais regiões produtoras são o Alentejo, Dão, Bairradas, Minho e Douro. Esta última, além do inigualável vinho do Porto, se estabeleceu em pouco tempo como a região de vinhos Premium. Seus vinhedos, em terraços íngremes, contêm fantásticos terroirs, mas outros fatores também contribuíram para essa condição. O mais importante, porém, foi o surgimento de jovens enólogos, apaixonados por fazer os melhores vinhos de que Portugal é capaz, combinando as tradições regionais com as modernas técnicas da vitivinicultura mundial.

Novo mundo

Argentina

Depois de permanecer quatro séculos atendendo apenas seu mercado interno, a quinta maior indústria vinícola do mundo, e a primeira do hemisfério sul, resolveu mudar. Talvez o sucesso do vizinho Chile, conquistando mercados externos com vinhos de ótima qualidade, tenha contribuído em parte para provocar essa mudança. Abençoada com abundância de ar puro, água cristalina dos Andes para irrigação e vastas áreas com solo apropriado para as vinhas, a Argentina tinha tudo para começar com sucesso esta nova fase. As variedades Malbec, Cabernet Sauvignon, Merlot, Chardonnay e Torrontés são as mais cultivadas. Com 34 litros de vinho por habitante/ano, o país é um dos primeiros colocados do mundo em consumo, porém, seus produtos começaram a ser conhecidos no mercado internacional recentemente. Com um mercado cativo interno, os produtores argentinos satisfaziam-se em fornecer milhões de litros de vinhos de mesa simples, baratos. Embora ainda alto, este consumo doméstico vem diminuindo e hoje é menos da metade do que foi em 1980, quando chegou a 76 litros por habitante! Este fato, provavelmente, foi decisivo para buscar compensar o declínio interno com exportações. Mas, para isso, os vinhos precisavam de melhor qualidade e competitividade. Algumas vinícolas então iniciaram um oneroso e duro trabalho para reverter esta situação, introduzindo as técnicas mais modernas, começando desde o vinhedo até o know-how de exportação. A primeira meta foi a substituição de cepas prolíficas por outras mais nobres, com o controle do rendimento e da poda. Investimentos estrangeiros, antes inexistentes, também passaram a chegar atraídos pelo potencial crescimento do setor.

A província de Mendoza, privilegiadamente situada aos pés dos Andes, é a região mais importante, superando os 65% da produção no país. Os vinhedos são irrigados com água pura e rica em minerais provenientes do degelo da cordilheira, e também de poços artesianos. O clima é temperado, com estações bem definidas, sem extremos de temperatura.

A província de San Juan é a segunda região em importância, enquanto pequenas quantidades são produzidas em outras províncias, como Rio Negro e Patagônia. A Argentina tem apresentado todos os requisitos para se tornar um dos principais produtores de vinhos de qualidade do mundo.

Chile

O vinho é produzido no Chile desde o século 16, mas, a partir do séc. 19, é que alguns franceses iniciam o cultivo de castas européias. Foi somente em 1979, entretanto, que Miguel Torres introduziu pela primeira vez novos equipamentos, tecnologia e tanques de aço inoxidável. Com cerca de 114.000 hectares de vinhedos, o Chile tornou-se o segundo maior produtor latino-americano, superado agora pela Argentina. Nos últimos dois anos, mais de um bilhão de dólares foram investidos em vinhedos e vinícolas. Hoje é mais difícil encontrar vinhos ruins no Chile do que em qualquer outro país, dada a larga produção e qualidade equilibrada na maioria de seus produtores. O consumo interno não é muito expressivo, mas compensado por uma agilidade e competência de produção, que tem levado a um crescimento extraordinário nos últimos anos. As exportações excederam todas as expectativas, tendo triplicado em valor desde 1995. A Inglaterra tornou-se o primeiro mercado de exportações, superando os Estados Unidos.

O Chile é capaz de fornecer vinhos de grande qualidade, elaborados com uvas de classe mundial a preços muito baixos. A indústria pode contar com alguns empreendedores de bolsos cheios, que criaram um paraíso: uma floresta de aço inoxidável reluzente com temperatura controlada, e outra de barricas novas de carvalho. De cinco anos para cá, os chilenos vêm plantando furiosamente para aumentar a oferta do produto de seus vinhedos resistentes a doenças.

É evidente que nem todos seus vinhos são deliciosos e baratos, com alguns produtores só voltados ao insumo das vendas – e que, no melhor dos casos, redundam em vinhos indiferentes.

O clima ideal para o cultivo das uvas situa-se entre os paralelos 30 e 40, onde existem três principais regiões produtoras: ao norte, Casablanca que, muito embora recente, já é reconhecida mundialmente pelos vinhos brancos de Chardonnay e Sauvignon Blanc; ao sul, perto de Valdívia, nos vales com clima muito úmido e produz uma variedade simples; a terceira, a mais importante, é o Vale Central, com grande reputação para vinhos de qualidade. Este vale é formado pelos distritos de Curicó, Maipo, Maule e Rapel. O vale do Maipo, ao redor de Santiago, é o distrito mais intensamente cultivado.

O melhor vinho chileno é geralmente produzido com Cabernet Sauvignon e Merlot, vinificado de acordo com as tradições dos imigrantes franceses. Estes também trouxeram consigo outras variedades nobres, a exemplo de tintos elaborados com Pinot Noir e a Carmenère – uva extinta na Europa, e que foi recuperada com imenso sucesso no Chile. As variedades brancas Sauvignon Blanc, Sémillon, Chardonnay e Riesling estão agora alcançando vinhos muito melhores do que os anteriores, e também começam a surpreender o mundo.

Uruguai

Ao final da década de 80, o Uruguai passa a organizar sua produção em torno da fundação de um instituto nacional de viticultura, a receber investimentos e implementar a tecnologia, assim obtendo alguma projeção no mercado internacional. Vem, desde então, produzindo alguns notáveis vinhos, a maioria ancorada numa produção da uva tannat, variedade introduzida por imigrantes franceses a partir de 1870, e que se desenvolveu com grande sucesso em solo uruguaio. São vinhos de taninos marcantes, bem encorpados e muito característicos. A produção não é volumosa, mas vem abrindo caminho entre os competitivos vizinhos da América. Isto graças a um direcionamento segmentado do mercado, onde atualmente também prevalece o cultivo de outra cepa diferenciada: a Petit Verdot, casta que também em outros países, tal como a Tannat, dificilmente consegue produzir um vinho varietal de boa qualidade, como os do Uruguai.

Estados Unidos

O cultivo e a produção de vinhos no hemisfério norte já eram feitos por exploradores franceses e espanhóis havia mais de 400 anos, utilizando a cepa nativa (Labrusca), cujos vinhos têm o estranho odor de "pêlo de raposa molhado". Tal uva era largamente empregada até menos de algumas décadas, e o único estado que pouco a utilizava era a Califórnia que, mesmo assim, produzia vinhos pesados, doces e fortificados, ou vinhos de mesa simples e inferiores, totalmente fora de moda em relação aos europeus da mesma época.

Há pouco mais de 40 anos, entretanto, houve uma verdadeira revolução na indústria vinícola americana após a introdução de castas nobres europeias e enormes investimentos em tecnologia. Em 1978, foram criadas as AVAs (Áreas de Viticultura Aprovadas), similares às Denominações de Origem adotadas em outros países, na busca de garantir a qualidade do vinho ali produzido. Atualmente, existem mais de 200 AVAs, e esse número tende a crescer. Vinhos de qualidade já são produzidos em mais de 40 estados.

Em poucos, como Oregon e Washington, o nível de qualidade de alguns é extremamente elevado, porém, os da Califórnia são imbatíveis. O Napa Valley, situado na chamada Costa Norte, é o coração da indústria vinícola da Califórnia. Seus vinhedos são os mais concentrados do estado, possui mais vinícolas que qualquer outra região, e produz a maior variedade de vinhos de todo o continente. A Cabernet Sauvignon, ao lado da Chardonnay, são as variedades de maior cultivo na Califórnia. Foi também naquele Estado que o conceito de vinho varietal ganhou força, ajudando a estabelecer conhecimento e preferências entre os consumidores.

Este sucesso da Califórnia foi tão grande que, a partir de 1970, houve uma verdadeira invasão de grandes empresas americanas e europeias entrando no mercado do vinho e, curiosamente, também um elevado número de butiques produzindo alguns dos melhores vinhos americanos, os chamados "cultwines". Atualmente, cerca de 1.200 vinícolas estão estabelecidas nesta região, elaborando vinhos de todas as variedades e em tal quantidade que os Estados Unidos se tornaram o 4º maior produtor de vinhos do mundo, com mais de 2 bilhões de litros.

Brasil

É sabido que o Brasil não é nenhum paraíso para o cultivo e produção de vinhos finos e notáveis.

Seu clima, ora tropical, ora subtropical, com chuvas e umidade excessivas, decididamente nunca foi o favorito da vittis-viníferas. Grande parte do vinho produzido no Brasil vem a ser, mesmo no panorama presente, a do chamado vinho de mesa, feito de uvas comuns ou americanas. E, mesmo assim, produção que só foi tomar algum impulso a partir da chegada dos colonos italianos, em fins do século XIX, quando instalaram no Sul do País as primeiras plantações de uvas e cantinas para consumo próprio.

A despeito das condições negativas, tanto geográficas como culturais (ausência histórica de uma cultura de consumo de vinhos, desconhecimento e baixo poder aquisitivo do público, etc), o país vem suplantando anualmente recordes em vendas externas, para mercados exigentes, de uma farta gama de vinhos finos que são agora aqui produzidos. E não é apenas o estado do Rio Grande do Sul (tradicional propulsor da nova era para os vinhos nacionais) o responsável pela façanha de US$ 6 milhões na balança das exportações (dados de 2009). As serras de Santa Catarina e os vales do Rio São Francisco, no Nordeste, aparecem como novos polos de uma promissora, porém não menos desafiadora, vitivinicultura nacional.

A lenta e gradual evolução do vinho brasileiro começa lá pela década de 70, quando o velho e conhecido "vinho de garrafão", que viajava lá do Sul para os grandes centros, começa a dar lugar a vinhos de castas européias nobres, graças a iniciativas e investimentos provenientes de algumas empresas internacionais, conjugadas aos esforços de algumas tradicionais famílias da vinicultura gaúcha. Vinte anos mais tarde, um novo salto qualitativo, provocado pela disseminação de novas tecnologias, virá a estabelecer parâmetros cada vez mais próximos às exigências do mercado externo. Estávamos então adentrando a era da "descoberta" e da verdadeira vocação da vinicultura nacional: o vinho espumante. A tradicional casa francesa, Moët & Chandon, em seu pioneirismo nas Serras Gaúchas, teve tudo a ver com tal "vocação". Hoje, o espumante brasileiro, sob os mais variados rótulos, viaja pelo mundo, ganha prêmios e prestígio e anda vendendo muito bem, obrigado...

Porém, está longe o sonhado mar de rosas para a indústria de vinhos do Brasil. Primeiro que, para os tintos, nem sempre a natureza ajuda (a época da colheita costuma ser atrapalhada por excesso de chuvas de verão, entre outros) e o resultado final, na média dos produtos nacionais, não traz nada de extraordinário. E ainda sofrerá a concorrência dos tradicionais produtores de países vizinhos (domínio do mercado a preços mais competitivos e facilidades da balança comercial); e ainda arrematam os entraves, os impostos taxados sobre a indústria vinícola nacional.

Para completar, o crescente, porém, ainda desinformado mercado interno costuma desprezar o "feito em casa", aderindo a toda e qualquer novidade, contanto que venha de fora... Mas não há como culpar apenas o novo público consumidor que dá preferência aos vinhos mais baratos do Chile e Argentina, às vezes com nítida e melhor relação qualidade-preço.

Afora alguns exemplares raros – e caros –, o vinho brasileiro parece ser acusado de sofrer de uma certa falta de identidade. Trabalhando continuamente para inverter esse consenso, casas como Amadeu, Aurora, Dal Pizzol, Lovara, Don Giovanni, Salton, Casa Valduga, Miolo, Pizzato, Do Lugar, Don Laurindo, Velho Museu, Vinibrasil e Chateau Ducos estão entre as mais expressivas.

África do Sul

Mesmo para aqueles que gostam de variar, vinhos da África do Sul ainda, por vezes, são vistos com certa desconfiança. Os mais distraídos nem perceberam que eles já estão disponíveis no mercado brasileiro, com boa variedade, após o pioneiro "Fleurdu Cap" ter frequentado as prateleiras há muitos anos. Havia a opinião de que faltava tradição e experiência a estes

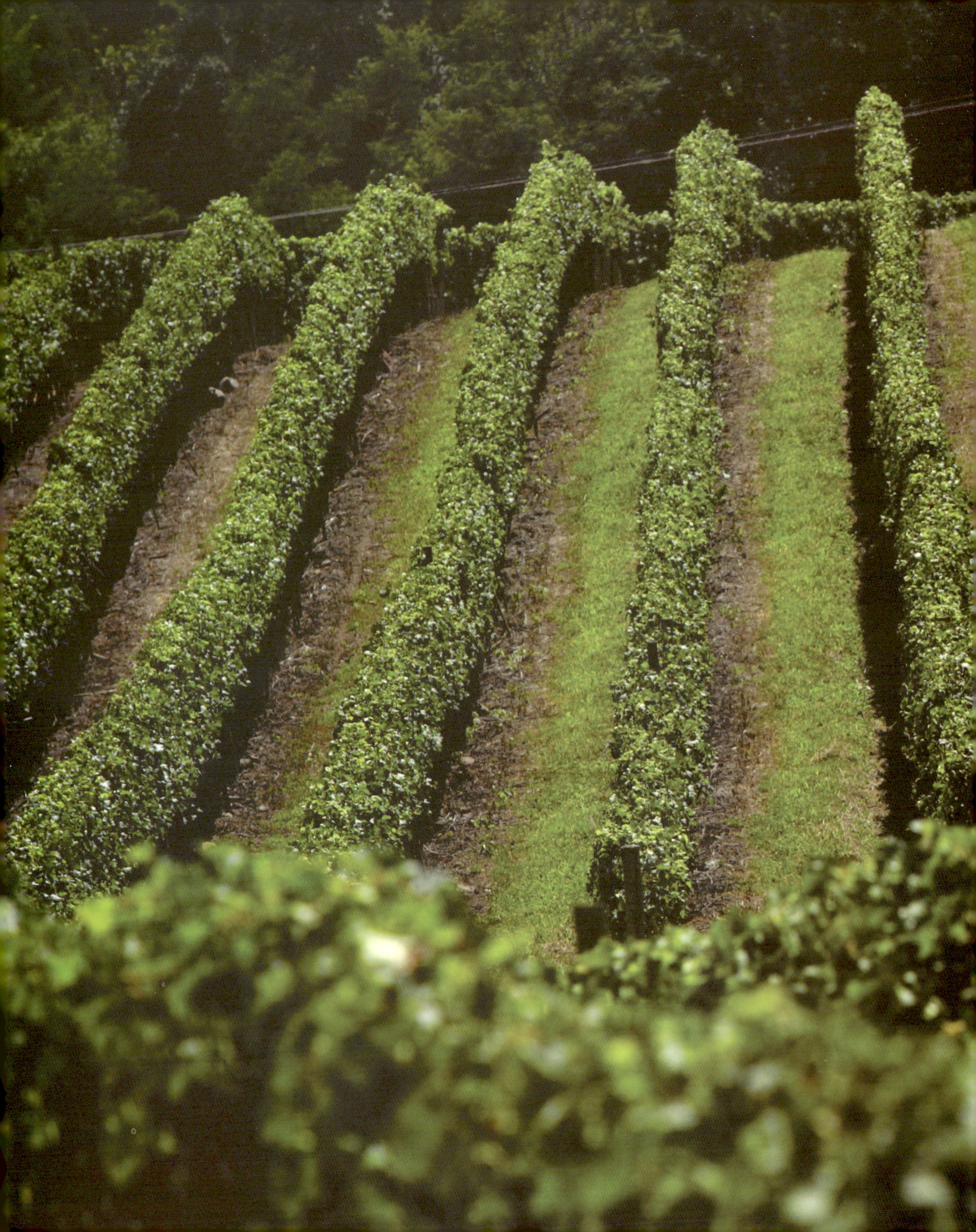

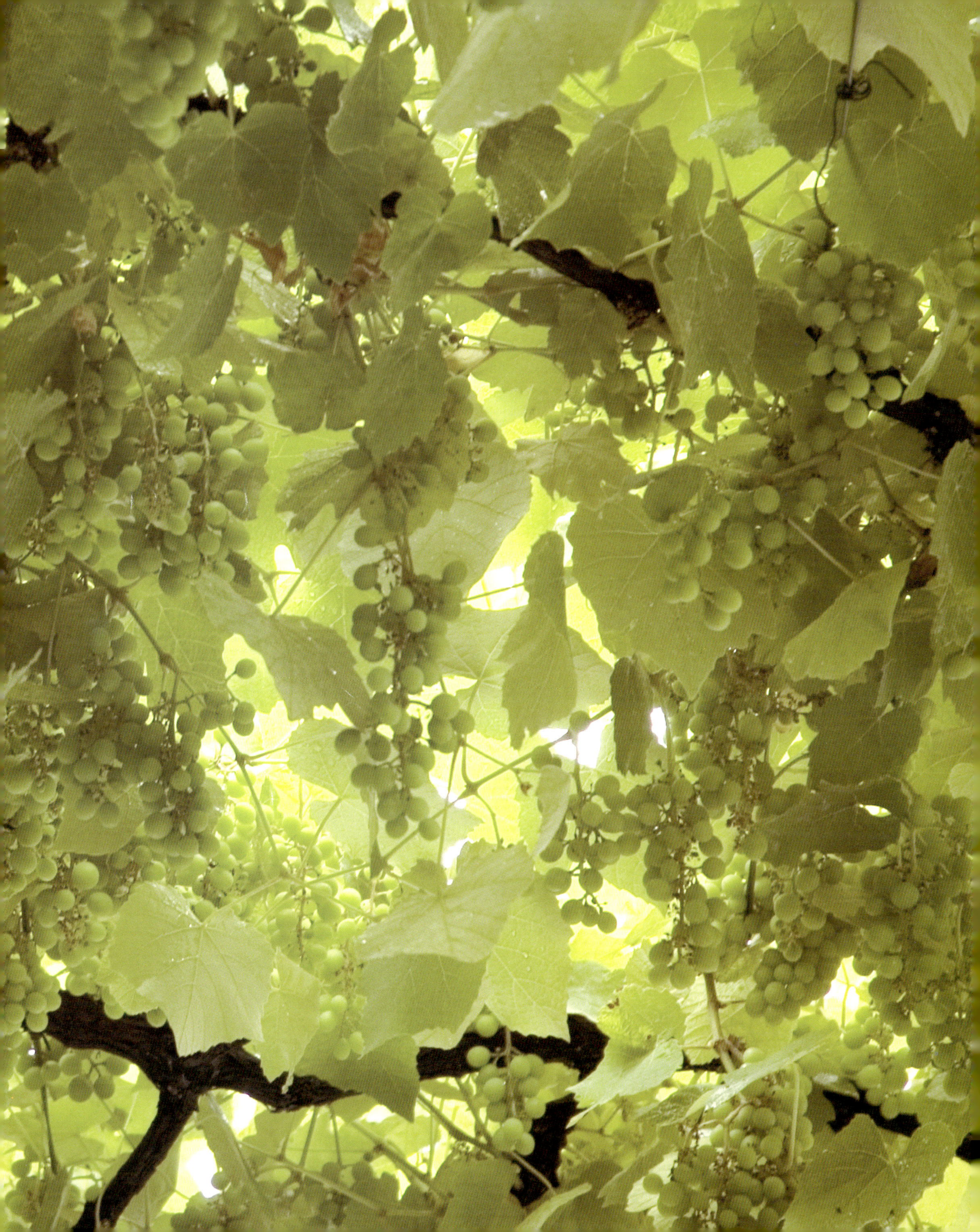

*"Rions! Buvons! Et moquons-nous du reste!
Le Champagne anime les convives, fait luire les yeux
rend de la clarté aux souvenirs..."*

Honoré de Balzac

Qualitästswein

Designação germânica para os vinhos provenientes de alguma das suas treze regiões aprovadas, e que devem ser produzidos com determinadas variedades de uvas. Nos vinhos alemães, as nomeações e a distinção de qualidade ainda são subdivididas e acrescentadas de acordo com a doçura das uvas empregadas, e o nível de açúcar residual: quanto mais doce, mais alta a distinção de "quälitats".

Queijos & vinho

Considerado um casamento marcado para a felicidade, queijos e vinhos constituem uma harmonização apreciada em todo o mundo. Mas o bom senso recomenda vinhos tintos para queijos maturados e de massa mais firme, enquanto os vinhos brancos podem casar melhor com os queijos mais suaves e cremosos.

Mozarela fresca, queijo de cabra cremoso, e até um Brie, podem combinar perfeitamente com vinhos brancos frutados e joviais ou, no máximo, um tinto leve e jovem, tipo de vinho que também combina com o Camambert.

Queijos do tipo Emental e Gruyère pedem vinhos tintos jovens ou brancos mais encorpados e secos. Para um tinto bem encorpado e maduro, o queijo ideal é o parmesão em lascas.

Os queijos da família do Roquefort ou Gorgonzola combinam razoavelmente bem com tintos mais leves ou os marcantes, mas ficam melhor ainda se apreciados com uma bela taça de Porto, um Xerez doce, ou ainda vinhos brancos e doces, como o Tokay ou um Sauternes, ou outros, ao estilo Late Harvest.

Quanto aos vinhos do tipo espumantes ou o champagne, possuem a virtude de combinarem com quase todo o tipo de queijo – experimente!

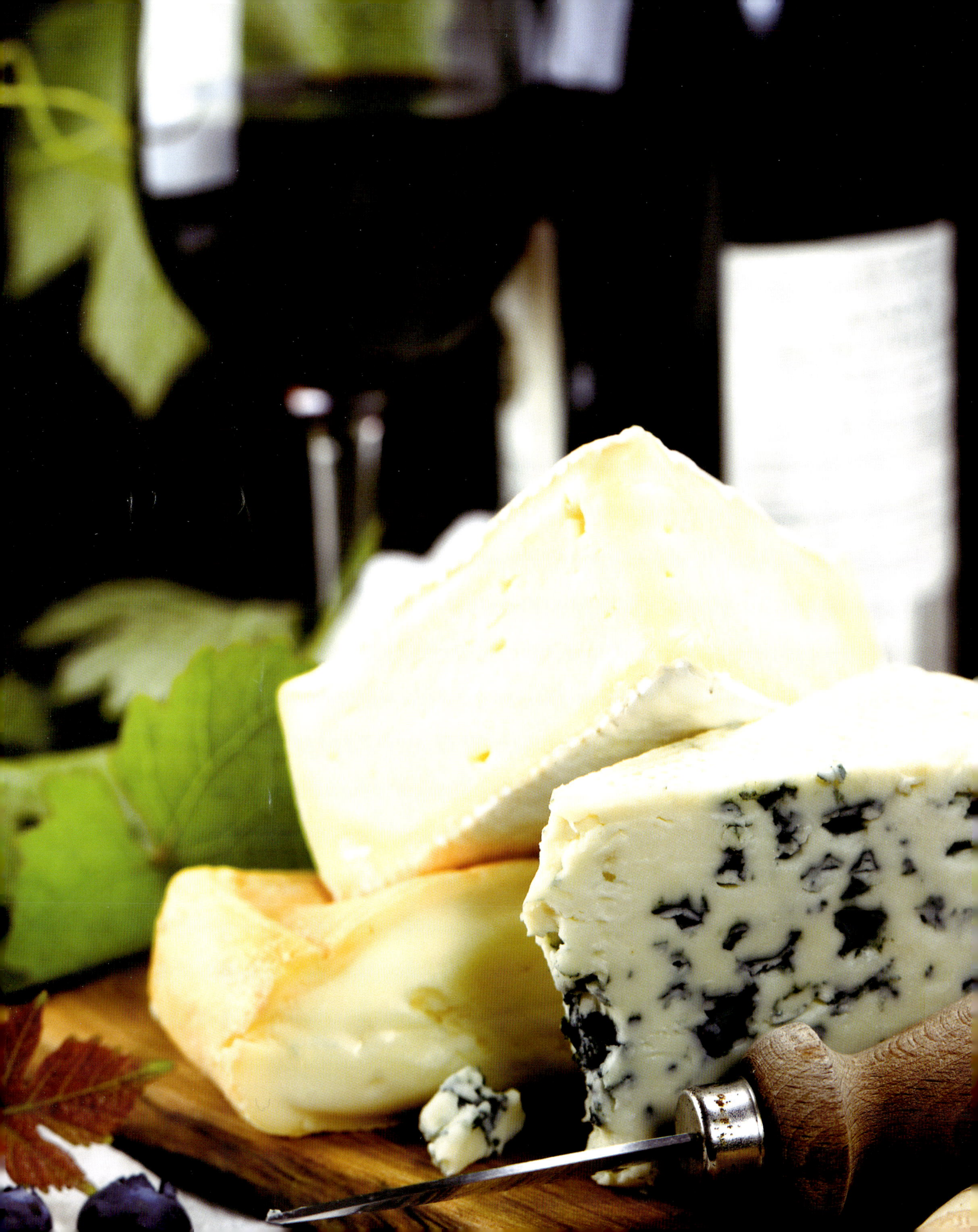

R

"Não desdenhes nunca destas quatro coisas, se és sábio e bem prudente: segurança, vinho generoso, bem-amada e local deserto".

Hâfiz (1325-1389)

Resfriar (o vinho)

A temperatura certa para cada tipo de vinho é fator determinante sobre o grau de satisfação que ele pode proporcionar. Somente apreciando-o na temperatura correta é que está garantida a expressão autêntica dos sabores e aromas de um vinho.

Quanto aos brancos, todo mundo sabe que devem estar bem frios; já os tintos, em país de clima tipo tropical como o nosso, é que são elas... Aquela célebre advertência de "servir em temperatura ambiente" é ótima – para o hemisfério Norte, com certeza. Portanto, a recomendação é, na maioria dos casos, resfriar o vinho tinto. Os franceses dispõem do vocábulo "chambrer" para explicar o fato: colocar o vinho na temperatura adequada, antes de servir.

Para aqueles que dispõem de adega, ao retirar o vinho de tais acomodações, ele provavelmente chegará à mesa já nas condições ideais – de 14º a 19º, dependendo do tipo de vinho tinto em questão (os mais frutados e leves, mais frios e os muito encorpados e envelhecidos, entre 18º e 19º). Caso contrário, o recurso é mesmo levar o vinho para resfriar em geladeira comum (por uns 20 minutos), ou colocar em um balde de gelo. O acessório do termômetro pode ser de boa serventia para avaliar matematicamente a questão. Porém, a prática acaba desenvolvendo o feeling para saber quando o seu vinho chegou à temperatura adequada, mesmo a olho, ou tato, nu...

Reserva

A palavrinha, hoje banalizada e encontrada em muitos rótulos dos vinhos no mundo, deveria indicar que o vinho passou pelo menos por respeitável envelhecimento em barril de madeira. Mas nem sempre é o caso – e, dependendo do preço e procedência do vinho, pode ter certeza de que ela é ali um sinônimo de marketing, uma pretensa qualidade especial e superior.

Na Espanha, por exemplo, a denominação "Reserva" tem que ser levada a sério, e nos vinhos da região da Rioja os indicativos "reserva" e "gran reserva" fazem referência aos anos que acumularam no barril e depois na garrafa, antes de serem levados ao mercado: dois no barril e um ano na garrafa para um "reserva"; três anos em barril e mais três na garrafa para o "gran reserva".

Restaurantes

Escolher o vinho no restaurante é, não raro, momento embaraçoso, mesmo para aqueles que possuem boa familiaridade com esta bebida. Algumas cartas de vinho enciclopédicas colocam dúvidas até nos mais fluentes enófilos. Nessa hora, o mais indicado é pautar-se pelo que lhe é conhecido e evitar tatear no escuro por experiências duvidosas. É claro que muitos restaurantes contam com o sommelier, justamente para solucionar a questão por você – e aí, se supõe que esse profissional é o seu aliado, orientando-o na melhor direção e levando em consideração o gosto pessoal do cliente e um respeito intrínseco pelos valores monetários que se está disposto ou apto a arcar... Às vezes, uma indicação e esclarecimentos quanto às qualidades e vantagens por determinado tipo de vinho (que para o cliente será uma novidade e agradável descoberta) pode se traduzir em feliz e harmoniosa experiência. E quanto a devolver ou exigir a troca de um vinho, em caso de defeito ou desafeto total... Bem, aí cada caso é um caso – salvo em situação de defeitos evidentes. É tudo muito relativo: ao padrão do restaurante e, em certos casos, à impertinência do cliente...

Rolhas

As rolhas de cortiça têm se mostrado, até os dias de hoje, a invenção mais adequada para fechar a garrafa de qualquer tipo de vinho – especialmente aos vinhos mais nobres. A cortiça vem a ser a camada que cobre o tronco da árvore de nome sobreiro – que cresce especialmente na Península Ibérica, e um pouco no Norte da África. Portugal é o maior produtor de cortiça. A camada dessa espécie de árvore é retirada e volta a crescer, sem que para isso se precise cortar ou matar a árvore. Retiradas as placas, numa tarefa que requer muita perícia, estas devem secar ao sol por pelo menos um ano, antes de serem confeccionadas como rolhas.

Se for de boa qualidade, a rolha de cortiça apresenta um alto grau de elasticidade, pode ser comprimida, mas recupera a forma original, e é absolutamente hermética, apresentando superfície homogênea e pequenos buracos dispostos geometricamente. Porém, existem cortiças de qualidade duvidosa, feitas de aglomerados de cortiça colada – o que pode afetar o gosto do vinho (sem falar nos defeitos de vedação), ou se romperem quando retiradas com o saca-rolha (nada pior do que esta experiência, até que comum, de uma rolha esfarelada e caindo em fragmentos dentro da garrafa – se o vinho valer a pena, o jeito é passar por coador, o líquido).

As rolhas de champagne e espumantes são feitas de modo especial: aglomerado por dentro, mas cobertas com lâminas extras de cortiça, em sua parte inferior, antes de arrolharem a garrafa. O segredo para abrir um champagne? Retirado o lacre e o arame, então segurar firmemente na rolha, usando um pano, se for o caso; e aí, sim, girar a garrafa – e não a rolha.

Enfim, a cortiça deve continuar a ser a estrela principal para vedar a garrafa: afinal, ela faz parte do ritual do vinho, do modo de servi-lo, por séculos e séculos.

Rosé

O vinho rosé reencontrou seus dias de glória. Há algumas décadas atrás, visto com desconfiança, sua redescoberta se deve à notável melhora em sua qualidade por parte dos produtores que o adotaram – e diga-se, em todos os cantos do mundo. Um bom vinho rosé não é preparado com castas de uva rosada, muito menos obtido da combinação de tintos e brancos. Ele é geralmente extraído de uvas tintas, como a Granache, a Syrah, e até a Cabernet Sauvignon, através de um método de vinificação que, durante a maceração, deixa as cascas por pouco tempo no mosto – o suficiente para conseguir o tom róseo.

Além dos famosos rosés do Loire, na França, como o Rosé D'Anjou, hoje o mercado conta com ótimos exemplares, provenientes de quase todos os países produtores, a exemplo do Chile, Argentina e Brasil, além dos rosés sul-africanos, californianos, os portugueses, italianos, e ainda outros.

Servidos sempre em temperaturas semelhantes às dos brancos, o importante é observar que um vinho rosé requer quase a mesma postura de um branco de verão: a de se beber um vinho fresco, jovem, alegre, frutado e sem maiores compromissos. A tendência também se espalhou entre os espumantes: um borbulhante rosé pode causar imenso prazer no gênero.

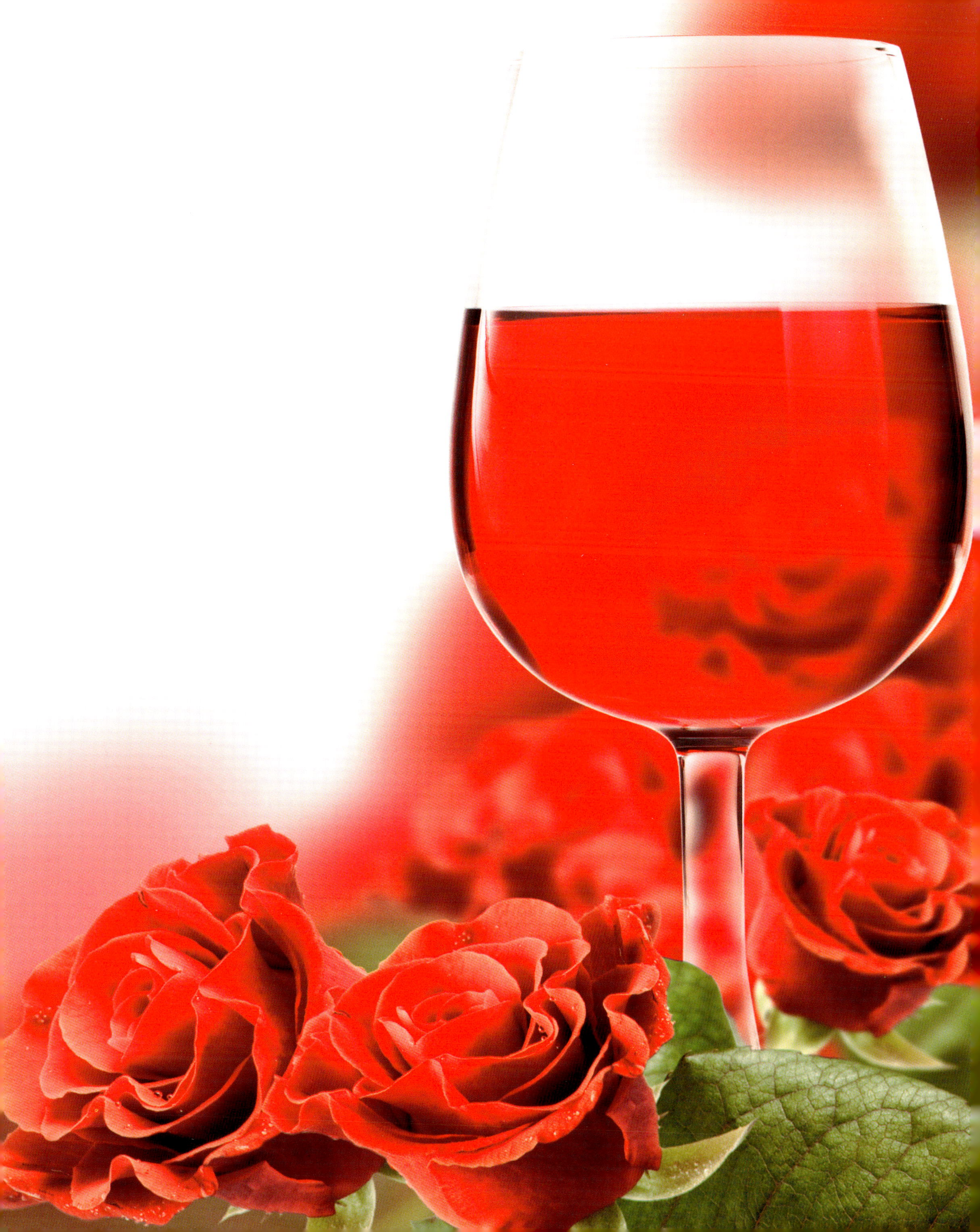

"Quando bebo vinho, as preocupações adormecem; que me importam lamentos, dores e aborrecimentos? Todos morremos, quer queiramos ou não. Para que serve, pois, desviarmo-nos da vida? Bebamos antes vinho, o vinho do Belo Baco, pois quando assim o fazemos as preocupações adormecem."

Anacreonte (570 a.C.)

Saúde

De repente, o mundo se deu conta, e foi propalado por toda mídia, de que populações como a mediterrânea – em especial os franceses – apresentavam baixos índices de doenças cardiovasculares, e se conservavam longevas (e ainda, de quebra, mantinham a boa linha). Conclusão: era a tal dieta mediterrânea (azeite, carboidratos, peixes e verduras) a responsável pelo prodígio. E mais o vinho, bebido diariamente por aquela turma toda!

Para os mais entusiasmados e afoitos, nada de sair por aí comemorando com garrafas e mais garrafas debaixo do braço. Álcool é álcool, e o danadinho acaba com o fígado, se tomado em excesso. As pesquisas da medicina já deixaram bem claro: duas a três taças de vinho por dia, e olhe lá...

De fato, o vinho tinto comprovadamente apresenta entre seus componentes os flavonóides, que promovem o HDL, o "bom colesterol", e que impedem a formação das temíveis plaquetas de gordura ou de colesterol nas artérias, e também evitam a formação de coágulos, prevenindo acidentes vasculares. Além disso, vinhos feitos de uvas vermelhas, como a Cabernet Sauvignon, são ricos em elementos antioxidantes, prevenindo, assim, o envelhecimento precoce das células. Por outro lado, como qualquer bebida alcoólica, há um aumento de triglicérides no sangue. Portanto, a moderação segue sendo a melhor prescrição.

Sauternes

Pequeno distrito de Bordeaux, que domina a produção dos vinhos de sobremesa mais reputados do mundo. Obtidos de cortes de Sémillon e Sauvignon

Blanc, os vinhos Sauternes (e seus vizinhos, Barsac e Mombazillac) são donos de buquê intenso, estrutura suntuosa e sabores marcantes, graças à extrema concentração de açúcares em suas uvas, cuidadosamente expostas ao fungo Botrytis – a "podridão nobre". Além de todas as qualidades, os vinhos dessa espécie atingem escore surpreendente no envelhecimento. Entre as estrelas da região, o mais famoso é o Sauternes "Chateau d'Yquem".

Serviço do vinho

Há duas variantes para o grande momento de abrir o vinho e servir aos convidados, ou em companhia mais íntima: ou fazer do momento uma autêntica cerimônia, munindo-se de todos os artefatos inventados para isso (de cestinhas para inclinar a garrafa a termômetros, cortadores de cápsulas, aparadores de gotas, etc.) – e aí, não se esqueça de uma pose condizente, e de manter o clímax e o suspense ao máximo possível. Ou ainda, simples e na versão mais básica, providenciar abridor (do tipo saca-rolha é ainda o mais lógico), cortar a cápsula – com faca ou o canivete acoplado no saca-rolha, prever um pano bem limpo para limpar a borda do gargalo, provar um pouco para se certificar que com o vinho está ok e, aí vamos nós! Vinho nas taças! E, por falar nisso, os copos fazem toda a diferença na apreciação de qualquer variedade de vinho, cada qual com seu estilo, mas dando preferência aos cristalinos e transparentes, nada de coloridos que impedem de ver a cor do vinho (ver mais em: "taças").

Segurar o copo ou taça será sempre pela haste – para não esquentar o líquido com o calor das mãos. Também nada de encher as mesmas até a borda – primeiro porque se for vinho branco irá esquentar. E, se for tinto, necessita daquele amplo espaço livre para arejar e liberar seus aromas (além do fato de que a clássica girada de pulso para oxigenar o vinho pode entornar tudo se o conteúdo estiver até a boca).

Se desejar impressionar, ou se o vinho merecer, de fato, passe-o com delicadeza para o decantador. O efeito é sempre positivo. É claro que, antes de tudo, já foi providenciada a temperatura correta para os vinhos em serviço. Se o momento é o de uma caprichada refeição, ou de um jantar mais formal, pode começar aperitivando com espumantes ou brancos mais leves, passando para a sequência dos pratos e seus vinhos respectivos.

Setúbal

Nome de uma península vizinha a Lisboa, Portugal, e que empresta seu nome a um vinho fortificado típico, feito com a uva Moscatel. Um vinho nobre em seu estilo, muito semelhante ao francês Beaumes-de-Venise. De coloração acastanhada e pronunciados aromas de condimentos, figos secos, nozes e frutas passas, o Setúbal passa pelo menos cinco anos em barricas, apurando seus sabores complexos e intensos, e só então é engarrafado. Um vinho histórico, com muita classe em seu gênero, ideal para harmonizar com sobremesas cremosas, como mousses, pudins e até torta de chocolate.

Solo

Ali, no âmago da terra, começa um dos determinantes da qualidade da videira – e, por conseguinte, do vinho que dela procederá. Ao contrário da agricultura tradicional, solos muito ricos em elementos nutritivos, solos muito férteis, ideais para outras culturas, não significam muito para a viticultura: a videira se expressa melhor em solos pobres, pedregosos, ricos em calcário, onde suas raízes não atinjam grande profundidade e também permitam um rápido escoamento das águas. Uvas viníferas não toleram muita umidade no solo, suportam baixas temperaturas no inverno e sol abundante no verão. Porém, chuvas, solos úmidos e raízes profundas, bem alimentadas de muitos nutrientes, curiosamente, podem ser muito bons para a parreira (que viceja e cresce que é uma beleza em tais circunstâncias), mas a qualidade daquelas uvas se mostrará deficiente e inconsistente. Uma boa uva, para um bom vinho, parece que tem que lutar, tem que "sofrer" muito para conseguir ficar em "boa forma", e assim revelar-se uma "beldade" em sua plenitude de aromas e sabores, depois de vinificada. Caso contrário, aquelas uvas que passaram a juventude em solos facilitadores, seria melhor que se dedicassem a outra carreira, como um prosaico suco de uva...

Os grandes vinhos do mundo provêm de uvas amadurecidas em solos pobres, como os de cascalho e calcário; solos graníticos ou arenosos costumam render uma qualidade incomparável em suas uvas e vinhos. Há ainda o fator da composição mineral do solo – e sua interação com os outros elementos do meio ambiente (ver mais em: "Terroir") – e, ainda, o relevo desse mesmo solo determinando as características de sabor e qualidades no amadurecimento das uvas. Em geral, os melhores terrenos para o cultivo de videiras são os de declive relativamente acentuado, as encostas e cumes, terrenos inclinados favorecendo uma boa distribuição da luz solar e um melhor escoamento das águas pluviais.

Sopas a sobremesa de chocolate (e a polêmica harmonização com vinho)

Há muitas controvérsias no terreno da harmonização de vinhos, tanto com sopas como com sobremesas que levem chocolate. No primeiro caso, há quem argumente que, pelo fato de serem dois líquidos, por princípio já existe um antagonismo. Porém, via de regra, sopa, pão e mais alguns golinhos de vinho, por serem o tripé que fundamentou a alimentação de metade da história da Europa, não precisam, necessariamente, ser recusados.

Para combinar o vinho certo em caso de uma sopa muito cremosa, à base de creme de leite, talvez o mais indicado seja a opção ou por um branco leve e de boa acidez, ou por um tinto jovem e frutado; em caso de sopas muito condimentadas e ricas, um tinto encorpado e pleno de taninos pode funcionar; um vinho do tipo Jerez também pode ser uma sugestão surpreendente.

Para as sobremesas doces, na hora do chocolate, reza para alguns puristas que nenhuma das alternativas anteriores funciona bem. Porém, os franceses garantem que o "Banyuls", vinho doce natural produzido da uva Grenache Noir, na região do Languedoc-Roussilon, é uma das restritas escolhas e realmente a única perfeição para acompanhar chocolates. E o vinho do Porto, na opinião de muitos conhecedores, é outra combinação feliz para doces com chocolate.

T

"Creio que aquele champagne se engarrafara no céu, onde corre perene a fresca fonte da Consolação, e que na garrafa bendita que me coube, penetrara, antes de arrolhada, um jorro largo dessa fonte inefável. Jesus! Que transcendente regalo o daquele nobre copo, embaciado, nevado, a espumar, a picar, num brilho de ouro! E depois, garrafa de Borgonha!"

Eça de Queirós

Taças

Experimente tomar um bom vinho num copo, digamos, daqueles aproveitados do requeijão ou da geleia... Que heresia! E não é só pela estética: a bebida ali presente perde muito de suas características.

As taças apropriadas para cada tipo de vinho, sempre com haste e em seus formatos adequados, preferencialmente de cristal límpido, incolor e absolutamente transparente, são parte fundamental do ritual do vinho. E rendem um prazer extra, pela sua beleza e pelo aporte sensorial que fazem com a bebida. O design de uma taça tem suas razões de ser, ou por tradição, ou porque se mostra mais eficiente para aquele tipo de vinho. Hoje, a tendência é de taças de grandes dimensões, justificada pela facilidade de girar o vinho e liberar seus aromas – o que faz sentido – além do ar de imponência que propiciam.

Porém, a regra permanece: taças menores para os brancos e maiores para os tintos, porque os primeiros são servidos em pequenas doses, para que não esquentem à temperatura ambiente. Os tintos também devem ser servidos em doses moderadas, mesmo que a taça se assemelhe a um aquário... Nada mais deselegante do que encher até a borda o seu copo de vinho. A taça para água não deve ser esquecida e, hoje, a moda mais liberal tolera outras versões além do clássico estilo, quando uma taça para água obedecia ao mesmo modelo das de vinhos e costumava ser a de maior tamanho (por que se deduzia que se beberia mais água do que vinho?). Quanto às taças para servir espumantes e champagne, já houve momento em que a história apresentava aqueles modelos rasos e bojudos, bocal bem aberto – dizem que a responsável era a Maria Antonieta, louca por champagne, que mandou cunhar taças no formato dos seus seios – e que se revelaram muito inapropriadas; a taça flûte, com sua boca estreita e formato alongado revelou-se a ideal, pois mantém a concentração das bolhas e dos aromas, ao contrário de sua antecessora.

Temperaturas (para servir)

No momento de ser servido, cada tipo de vinho releva a plenitude de suas características em uma determinada temperatura, características olfativas e de paladar que podem ficar bem comprometidas se

115

contrariado este importante detalhe. Cabe lembrar que, em regiões de clima quente, aquela frase "servir o vinho na temperatura ambiente" pode trazer sérios dissabores quanto aos tintos.

Vamos à tabela prescrita:

- Brancos doces e fortificados doces ...... de 5º a 7º C
- Vinho do Porto e Jerez .... de 11º a 14º C
- Espumantes, brancos frutados e leves.... de 6º a 9º C
- Brancos potentes e encorpados .... de 8º a 11º C
- Tintos ligeiros .... de 11º a 14º C
- Tintos jovens e de corpo médio .... de 14º a 16º C
- Tintos bem encorpados .... de 16º a 19º C

Terroir

Uma das determinantes no estilo de um vinho é o seu terroir - e a expressão francesa vai muito mais além do que o mero sentido de terreno, ou o solo onde o vinhedo é cultivado. Terroir de um vinho implica nas condições climáticas da região, na composição do solo, no tipo de relevo destes terrenos, cujo conjunto de fatores consegue explicar, em parte, porque a mesma qualidade de videira, ou a mesma uva, produz um tipo de vinho, digamos na Califórnia, e outro absolutamente distinto nas Serras Gaúchas. A expressão também se consagrou como referência da tipicidade e originalidade dos vinhos de regiões geográficas específicas, caracterizados também pelo cultivo de castas originais daquele lugar (como, por exemplo, o "terroir dos vinhos da Ribera del Duero", o "terroir dos vinhos do Loire", ou o "terroir dos vinhos do Alentejo").

Tokaji

No passado, este vinho incomparável, produto exclusivo das terras nevoentas de Tokaj, na Hungria, se constituía no objeto de desejo das classes abastadas e da nobreza de toda a Europa, e chegou a promover um intenso e aristocrático comércio pela sua importação. Para Luís XIV, o Tokaji se resumia numa frase que entrou para a História: "O vinho dos reis e o rei dos vinhos".

Pela umidade característica da região, as colheitas super tardias e botritizadas (com o fungo que condensa os açúcares) de uvas típicas do local, a Furmint propiciou a confecção de um vinho doce, intensamente aromático e cheio de corpo, com capacidade de resistir à guarda por centenas de anos dentro da garrafa. O tipo Tokaji Aszú é o mais conhecido e apreciado, e sua classificação é ainda dividida por "putttonyos" – de três a seis puttonyos, que indicam a quantidade do sumo (de uvas extra-amadurecidas e botritizadas) que foi adicionado ao mosto do vinho, graduando sua doçura (seis puttonyos é o mais doce). O Takaji, em sua untuosidade e riqueza de sabores, cria um par perfeito acompanhando um foie grás, queijos fortes, tortas doces cremosas e de frutas.

Toro

Região no centro da Espanha que entrou para o mapa das recentes descobertas de novos vinhos, com predicados para virem a ser o novo "darling" da temporada. Os críticos internacionais não param de desfilar elogios para pequenos produtores de vin de boutique daquela região, com clima extremamente seco e de tórridos verões. Os vinhos extraídos da Tempranillo ali cultivada demonstram um alto potencial de envelhecimento, pela riqueza de taninos, corpulência e concentração de sabores. Uma região que ganha adeptos e fama crescente para seus vinhos.

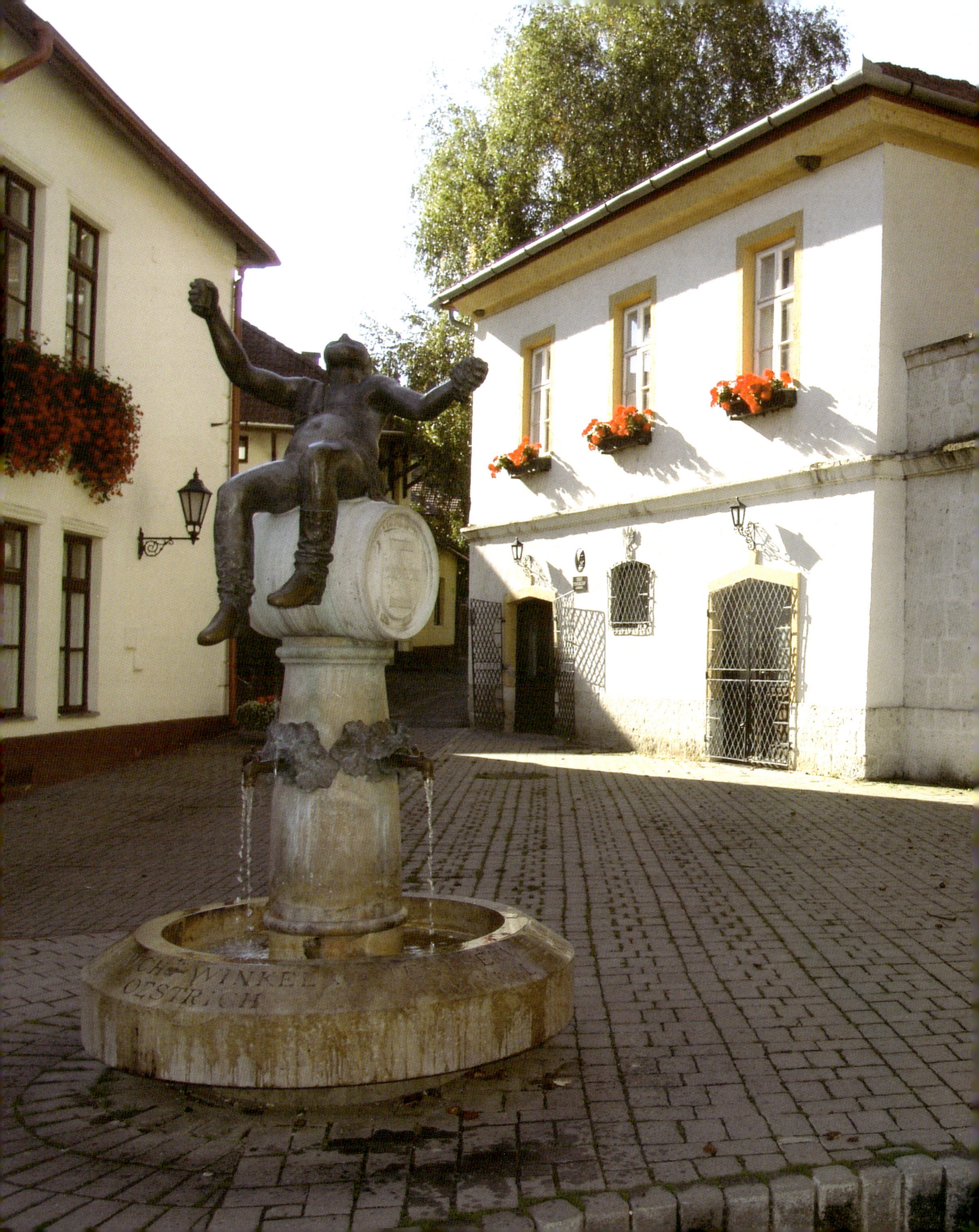
WINKEL
OESTRICH

U

"Amor meu, de repente tua cadeira é a curva cheia da taça, teu peito é o racemo, a luz do álcool teus cabelos, as uvas teus mamilos, teu umbigo o selo puro estampado no teu ventre de vasilha, e teu amor, a cascata de vinho inextinguível, a claridade que cai nos meus sentidos, o esplendor terrestre da vida. Mas não só amor, beijo ardente ou coração ardido és, vinho de vida, mas amizade dos seres, transparência, coro de disciplina, abundância de flores. Amo sobre uma mesa, quando se fala, à luz de uma garrafa de inteligente vinho..."

Pablo Neruda

Untuoso

Qualidade ou característica ao paladar de determinados vinhos; diz-se que um vinho é untuoso ao provocar na boca a sensação de ser aveludado. Um vinho que desce macio, sem asperezas, predicado alcançado geralmente quando os taninos do vinho atingem boa maturidade.

Ullage

Aquele espaço vazio na garrafa, que fica entre a superfície do vinho e a rolha. É uma palavra francesa, mas utilizada em todos os países, pois, assim como "terroir", não tem tradução.

Uvas típicas

Há uma variedade imensa de castas de uvas, além daquelas tradicionais e mais generalizadas, e que são utilizadas pela viticultura hoje globalizada. Geralmente, tais espécies são originárias de determinados países ou regiões, e não costumam se adaptar com sucesso no plantio em território estrangeiro. Segue uma lista de algumas destas espécies:

Alvarinho - uva típica da Galícia, faz um vinho branco, tanto em Portugal como na Espanha, que é muito conceituado.

Greco - típica da Grécia e da região italiana da Puglia, produz um vinho seco e encorpado.

Grenache Blanc - não tão conhecida como sua irmã, esta é cultivada no sul da França e na Espanha, destinando-se a um potente e untuoso vinho branco.

Loureiro - é uma das castas muito comuns para fazer o vinho Verde de Portugal.

Pedro Ximenez - uva branca usada para vinhos fortificados da Espanha, também começou a ser cultivada com certo sucesso na Austrália.

Pinot Gris ou Grigio - Alsácia e Itália são seus mais expressivos viticultores, produzindo um vinho branco de boa textura, refrescante, e que ganha fama e apreciadores no mundo todo.

Robola - responsável pelos melhores vinhos brancos da Grécia.

Vermentino - uva típica italiana, que vem ganhando notoriedade pelos seus vinhos suculentos e florais.

Barbera - famosa uva tinta de origem italiana, é plantada com muito sucesso no norte daquele país, redundando vinhos de boa vivacidade, frutados, e de equilibrada acidez (semelhante à Gamay).

Canaiolo - uva típica da Toscana, é conhecida como uva para o corte dos vinhos Chianti, além da Sangiovese.

Carmenere - uva que teve sua origem em Bordeaux, mas foi dada como extinta e não mais utilizada nos vinhos modernos. Seu cultivo teve um sucesso incrível em solo chilenos, responsável por vinhos carnudos e muito saborosos.

Mourvèdre - uva destinada a um vinho encorpado e tânico, é hoje produzida no sul da França, Espanha, e também na Califórnia; uva própria para vinhos de corte.

Pinotage - uma criação da viticultura do Sul da África, a Pinotage surgiu do cruzamento da uva Pinot Noir com a Cinsault.

Touriga Nacional - uma das mais típicas uvas de Portugal, responsável pelo caráter profundo, pleno em taninos e sabores de alguns de seus melhores vinhos.

"Podemos considerar a embriaguez como uma irrupção triunfal da planta em nós. O vinho partilhado à mesa faz mais do que favorecer a circulação de uma banal corrente de simpatia: com os homens assustados pela evidência da retirada dos deuses, ele leva-lhes uma forma de conforto. No fundo da taça, eles encontram a unidade; as barreiras caem. Renasce o tempo em que os homens eram irmãos. As idades e os sexos aproximam-se."

Ernest Junger

Vindima

Vocábulo que faz referência à colheita das uvas, colheita que pressupõe o grau de amadurecimento correto dos cachos. Uma boa vindima não significa obrigatoriamente uma quantidade abundante de cachos a se obter de cada vinha. Pelo contrário, quanto menor o número de cachos por videira, mais nobre e concentrado promete ser o vinho daquelas uvas.

A regra é mais verdadeira para países de clima frio. Em países sem maiores instabilidades climáticas, a exemplo da Austrália, uma vinha pode render dez cachos (de uvas bem concentradas), enquanto a média européia é a metade disso.

Vinho do Porto

O vinho fortificado mais prestigiado do mundo é comercializado exclusivamente através da cidade que lhe dá o nome, Porto, e feito no Douro, região ao norte de Portugal. Com suas encostas íngremes e escarpadas, de solo muito seco e xistoso, a cultura das uvas para a elaboração do seu famoso vinho é feita em degraus, proporcionando uma das mais belas paisagens, com seus terraços de pedras e vinhas.

Surgido meio ao acaso e ao sabor da História, o Porto nasceu das importações de vinho de Portugal, a que os ingleses se viram obrigados a recorrer, quando em constantes guerras com os franceses, seus antigos fornecedores até meados do séc. XVII. Para que o vinho não estragasse nas viagens de navio, experimentaram adicionar aguardente vínica: o vinho se conservava muito bem, e ainda perdia aquele caráter áspero dos antigos vinhos portugueses. Mais tarde, o método foi aperfeiçoado e a aguardente passou a ser colocada durante o processo de fermentação, interrompendo-o e adoçando o sumo. Nascia o festejado vinho do Porto, o primeiro no mundo a exibir Demarcação de Origem e a obedecer a severos controles nesse sentido.

Uma ampla variedade de uvas locais entra na composição e no corte dos vinhos do Porto (perto de 80 são permitidas), porém, as cepas mais utilizadas são as dos tradicionais vinhos portugueses – Tinta Roriz, Tinta Barroca, Tinta Cão, Touriga Nacional e Touriga Franca. O ano de colheita ou safra, igualmente, não vem mencionado, uma vez que toda a colheita dos milhares de vinhedos da região tem como destino os armazéns de Vila Nova de Gaia, onde serão vinificados, selecionados, separados de acordo com a qualidade e guardados por, no mínimo, dezoito meses em pipas, até o destino final: o engarrafamento ou um envelhecimento mais prolongado em barris de carvalho.

Os Portos se apresentam nas variedades:

Ruby - o Porto em sua versão mais jovem e mais despretensiosa, e também de gosto bastante adoçado, porém sempre agradável.

Tawny - permanecendo mais tempo dentro de barricas de madeira (não obrigatoriamente carvalho), ele adquire um tom "aloirado" ou "acastanhado", de onde provém o termo tawny.

Vintage - o Porto mais graduado, pois é produzido a partir de uma única colheita, e sempre traduz algum ano de vindima muito especial que vem indicado no rótulo. Apresenta boa longevidade, pois passa 2 anos na madeira, mas, quando engarrafado, pede alguns anos na garrafa para revelar todas as qualidades.

LBV - é também um vinho safrado, com data de colheita no rótulo, e ainda passa por quatro a seis anos evoluindo no tonel. Porém, passa por processo de filtragem antes do engarrafamento e, por isso, não é tão prestigiado quanto o Vintage.

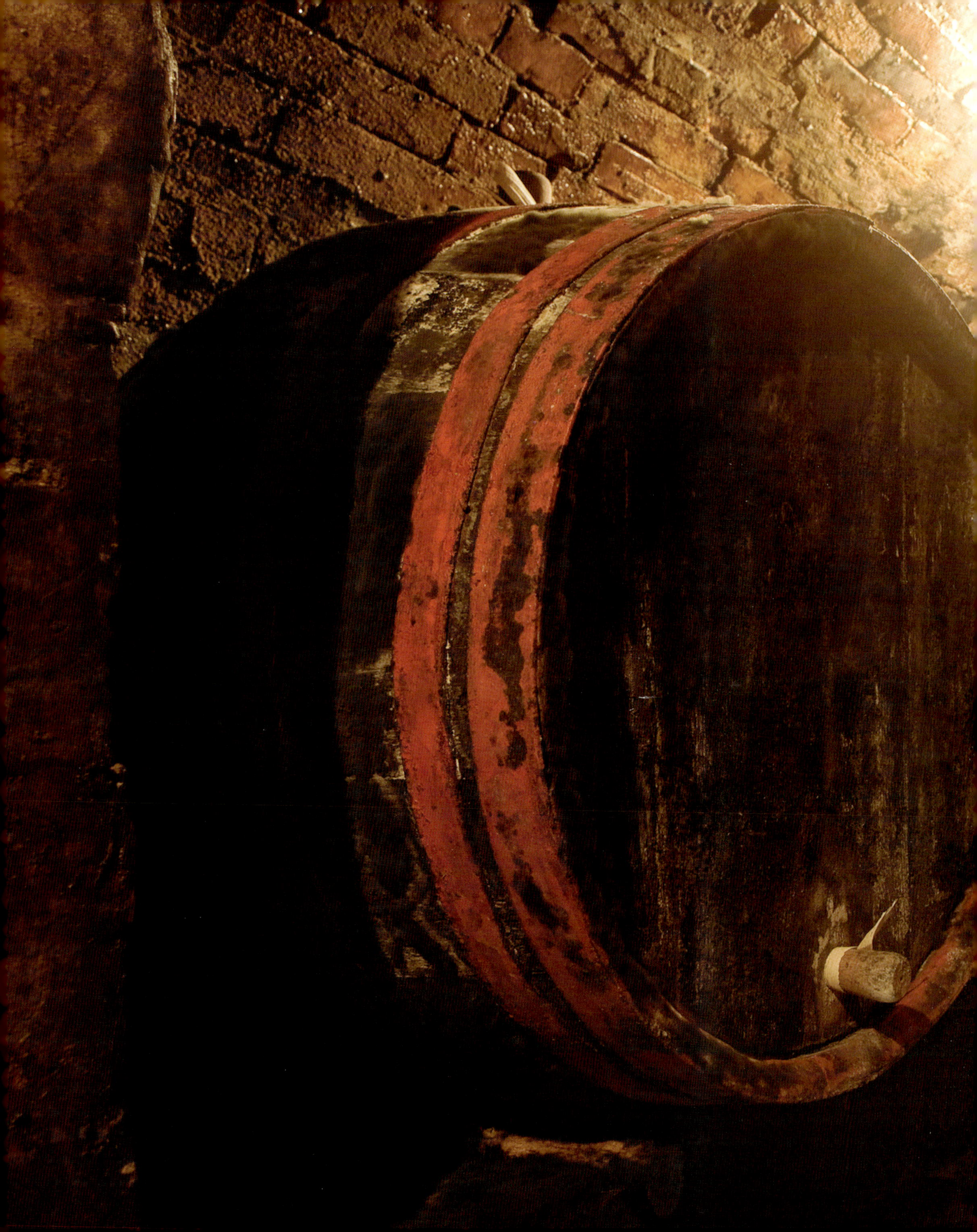

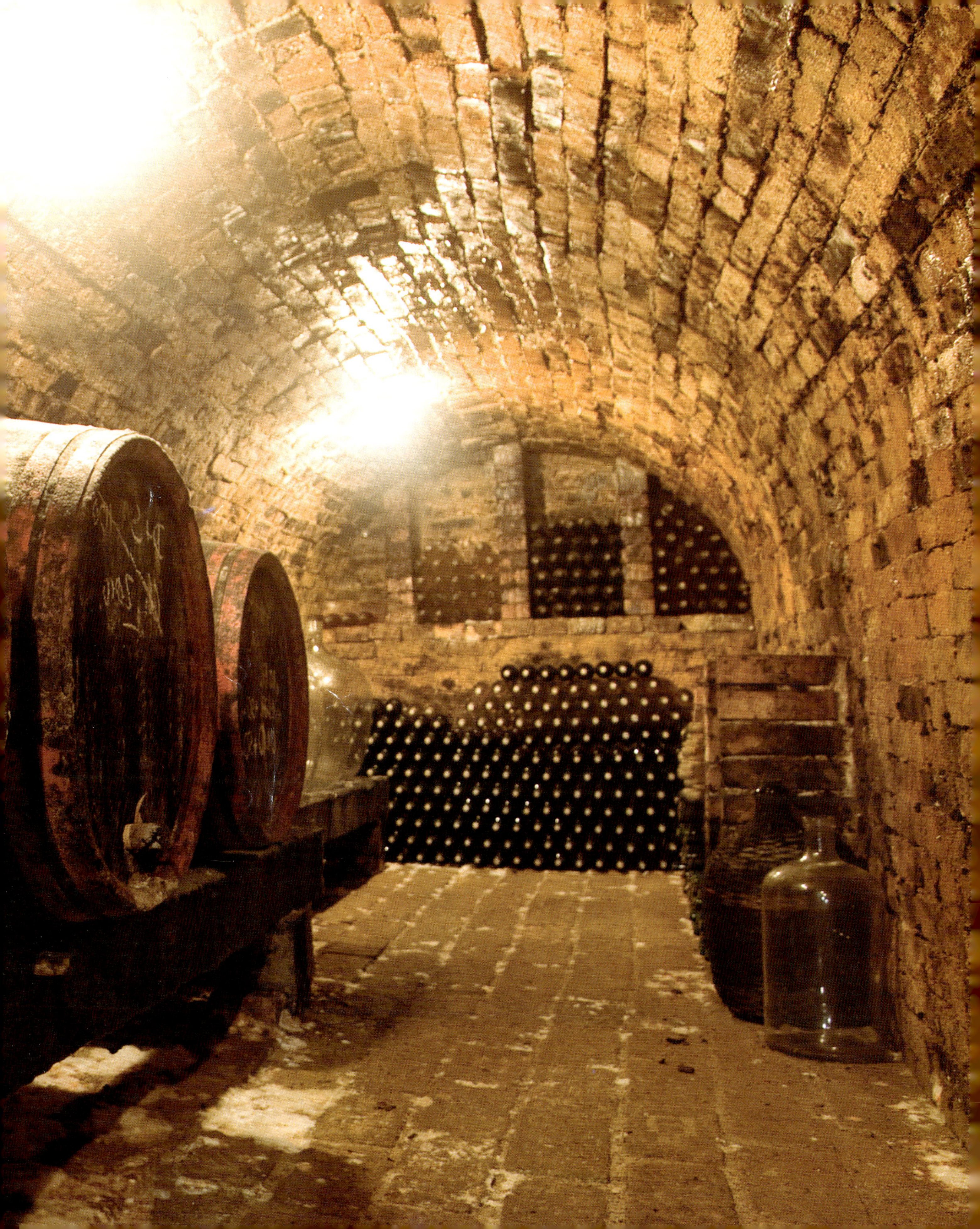

Viticultura

O cultivo das vinhas acompanha um ciclo climático e sazonal, e implica em uma cuidadosa sequência de planejamento e tarefas por parte do viticultor. Para obter a melhor qualidade para os futuros vinhos, o vinhedo deve ser calculado desde a densidade da plantação ao posicionamento das vinhas em relação ao movimento da luz solar, tendo sempre em vista o bom amadurecimento das uvas. Existem diferentes sistemas de plantio, que costumam ser escolhidos em conformidade com a topografia do terreno, o tipo de solo, a insolação e o sistema de colheita (manual ou mecânico) que será aplicado.

O ciclo vegetativo da videira passa pelo inverno, chamado de hibernação, seguido do abrolho que vem a ser a fase em que germinam os brotos, futuros cachos de uvas – fase muito importante, pois demanda a poda atenta e individual das parreiras (deixar muitos brotos significa uma maturação aguada, frutas abundantes, mas de baixa qualidade). As uvas então amadurecem no início do verão, quando passam por nova poda, e ficarão prontas para a colheita até o final dessa estação. Em linhas gerais, assim procede o calendário trabalhoso e detalhista do viticultor, que inclui paralelamente o controle de pragas, insetos, doenças, predadores, etc. E lembrando ainda das incidências climáticas que, muitas vezes, escapam da previsibilidade e são capazes dos mais variados prejuízos.

Viura

Também conhecida como Macabeo, trata-se de uva típica da Rioja espanhola que produz um vinho branco de muita personalidade, de raro tom dourado e esverdeado, que é bastante cítrico e com aroma discreto, mas deliciosamente refrescante e de caráter floral. É uma uva geralmente utilizada em cortes, e está sempre presente nas Cavas, o espumante típico da Espanha.

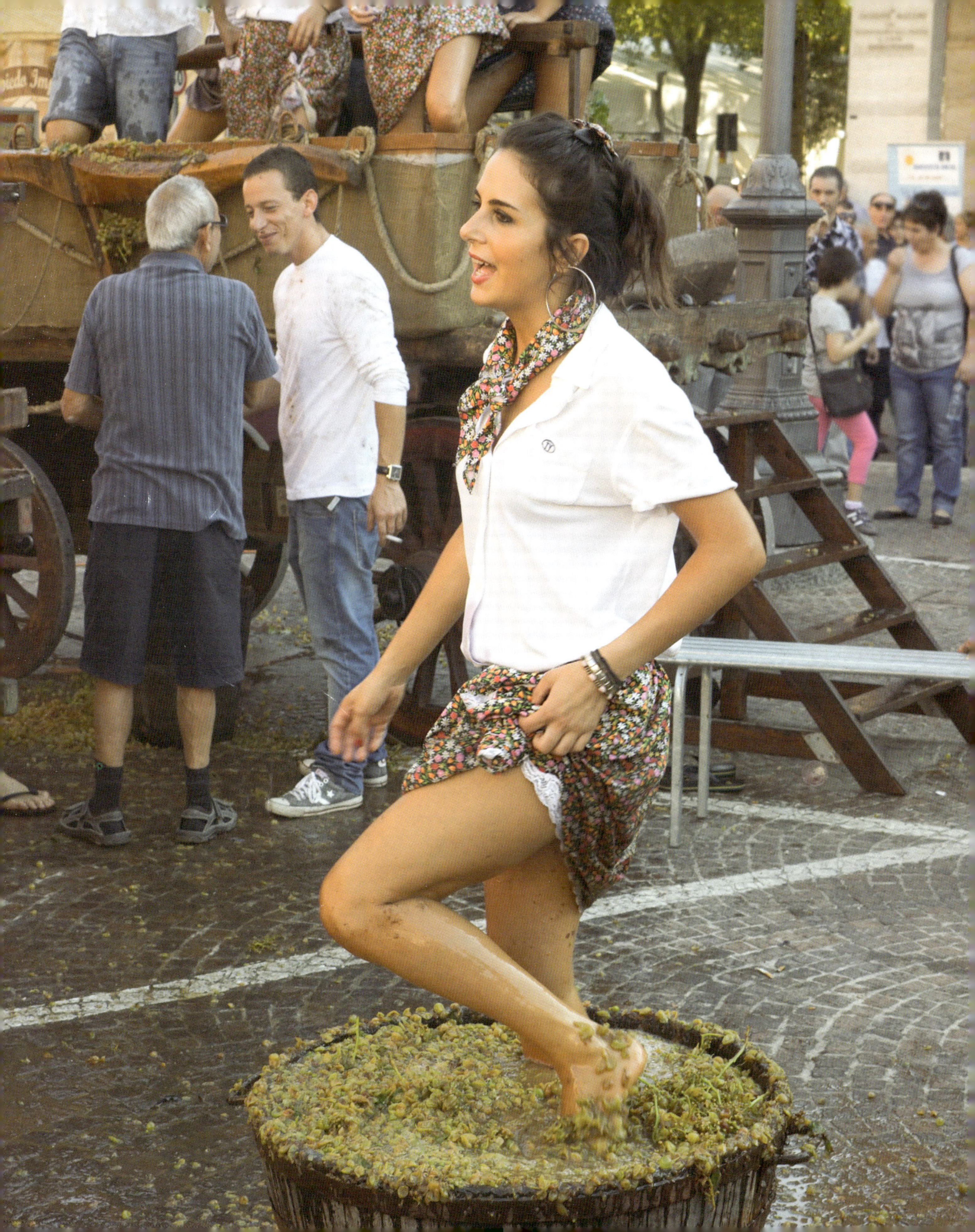

"Todo homem serve primeiro o bom vinho e, quando todos já beberam muito, passa-se ao inferior, mas tu reservaste o bom vinho até o final."

Evangelhos – São João / Bodas de Canaã

Xerez

O vinho fortificado típico da Espanha é também conhecido como Jerez, e Sherry para os ingleses. Produzidos na região de Andaluzia, tendo a cidade de Jerez como ponto central, os vários tipos de Xerez estão entre os vinhos mais antigos da Europa, e seu comércio para o continente data de mais de 700 anos.

A casta principal na confecção destes vinhos, ideais para acompanhar os "tapas" (petiscos ou entradas da mesa espanhola, também perfeitos para iniciar ou encerrar uma refeição) é a uva Palomino. Esta origina um vinho seco e elegante, assim como a cepa Pedro Ximenez que, para produzir um vinho bem encorpado, denso e oloroso, é levada depois da colheita para secar ao sol e apurar os açúcares.

A principal característica no processo de fermentação para os vinhos Xerez é uma levedura identificada como "flor", e que será responsável pela diferenciação entre os tipos fino e oloroso. Com uma fina camada que se forma na superfície do vinho durante a fermentação (a flor), o vinho ganhará características mais delicadas e leves – o xerez fino; sem a flor, ele irá oxidar e produzir um vinho mais denso e escuro, o oloroso. Após o processo de fermentação, os vinhos serão então fortificados através da adição de doses de aguardente de vinho (maior para os olorosos, e menor no caso dos finos). A etapa seguinte é bastante complexa e consiste na transferência do vinho entre várias barricas, ou botas, empilhadas: das criaderas (as barricas com vinho jovem) para as soleras (as barricas de baixo, reservadas para o vinho velho), estagiando por 3 a 12 anos.

Os tipos resultantes deste trabalhoso processo de produção são, assim, classificados:

Manzanilla: Pálido, muito seco, pouco ácido, marcante, refinado, amadurecido sob flor, em Sanlúcar de Barrameda, 15º a 17 º graus etílicos.

Fino: Semelhante ao Manzanilla, também seco, mas menos delicado, amadurecido sob flor, em Jerez ou em Puerto de Santa Maria.

Amontillado: Acastanhado, seco, bem aromático, de grau alcoólico elevado – 22º a 24 º.

Oloroso: de tom dourado ou tijolo, seco, encorpado, forte.

Amoroso: Oloroso doce, escuro, licoroso, baixo teor alcoólico.

Cream: um tipo de xarope oloroso, muito doce, escuro.

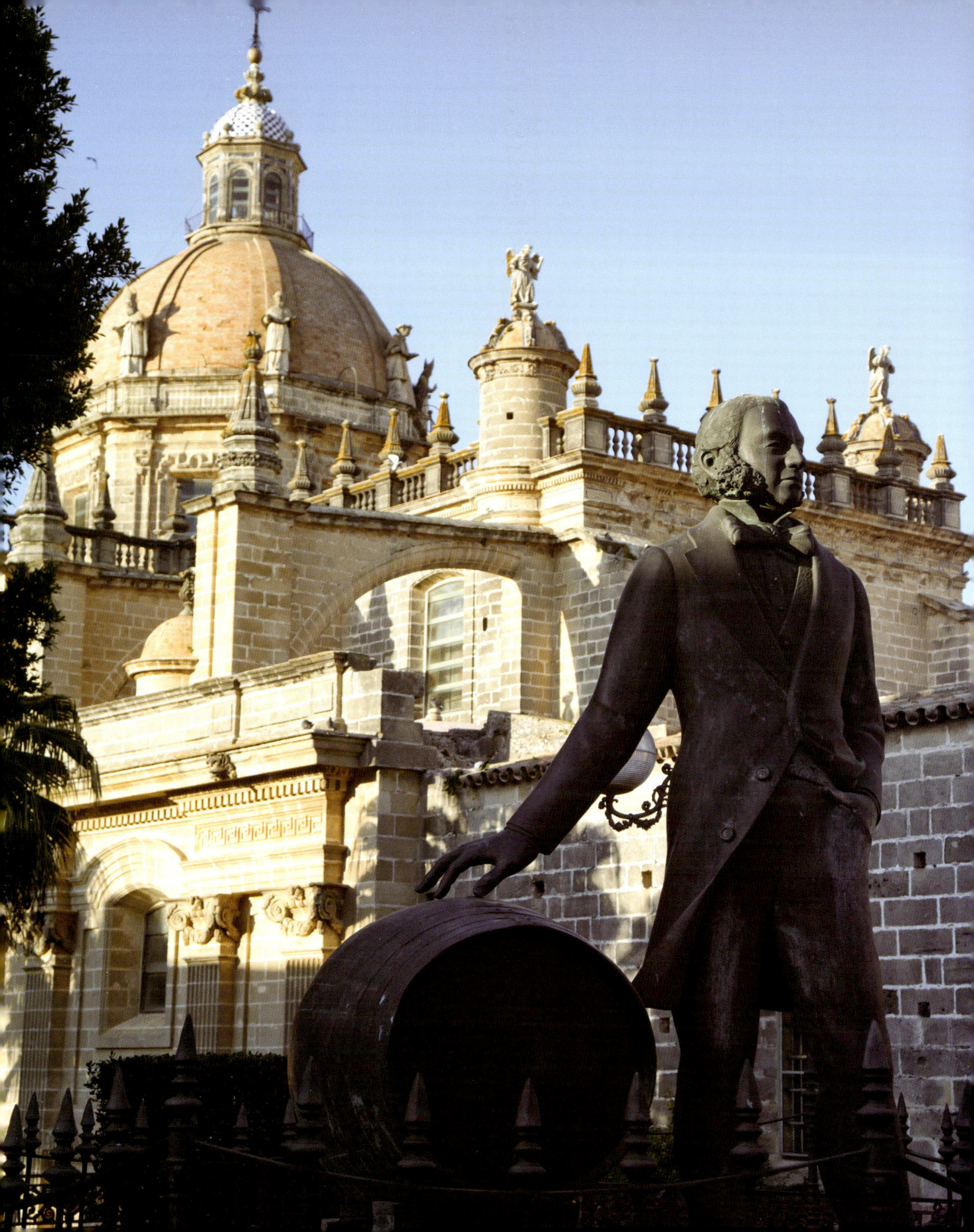

Z

"A tua vida não terá sido inútil se tiveres enxertado no teu coração a rosa do Amor. Não deixes de colher todos os frutos da vida. Corre a todos os festins e escolhe as maiores taças. Esta noite ou amanhã, tu já não existirás.
É tempo de pedires vinho rosado."
Omar Kayyam / Rubaiyat (1048-1123)

Zinfandel

É cepa desenvolvida na Califórnia, de características bastante originais, que se revelam tanto nos potentes vinhos tintos como nos agradáveis rosés, além de produzir um diferenciado rosé, chamado blush, de coloração muito tênue, levemente efervescente. Nos Estados Unidos, o rosé preparado com a variedade da uva tinta Zinfandel também ficou conhecido como o White Zinfandel, um vinho sem grandes compromissos, doce e frisante, que agradou em cheio ao mercado mais jovem.

Porém, em sua versão para os tintos, esta uva, que foi cultivada em solo norte-americano desde os pioneiros desbravadores do Oeste (graças às modernas tecnologias), atualmente rende uma das melhores expressões do ensolarado terroir californiano. Aromas complexos e originais, vinho estruturado e de muito corpo, alto teor de álcool e taninos prontos para um prolongado envelhecimento, ressaltando sabores a pimentas e frutas vermelhas bem maduras. A África do Sul também experimenta, com sucesso, o cultivo da Zinfandel, resultando em alguns vinhos igualmente surpreendentes.

Zweigelt

Cepa cultivada peculiarmente na Áustria, onde produz um expressivo vinho tinto, mas quase desconhecido pelo mundo. País praticamente pouco difundido em relação à produção vinícola, a Zweigelt é uma de suas principais uvas, capaz de redundar em vinhos semelhantes ao Beaujolais, ou até mais encorpados e amadurecidos, de textura e sabor próximos a alguns bons Pinot Noir que são produzidos pelo Novo Mundo.

Zibibbo

É o nome siciliano para a casta Muscat de Alexandria, que produz um vinho doce e famoso daquela região da Itália, conhecido como o Moscato di Pantelleria.

Tasting Room

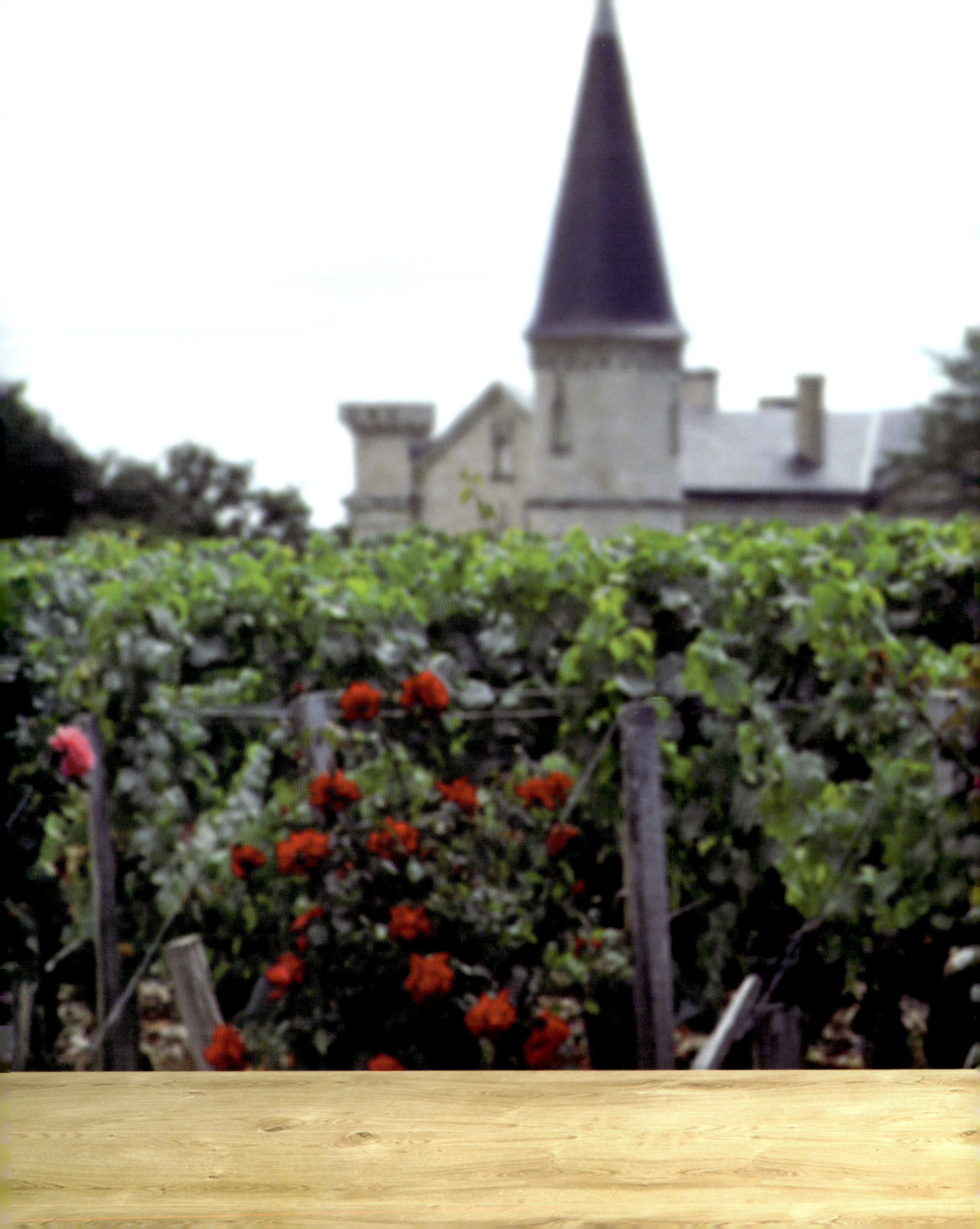

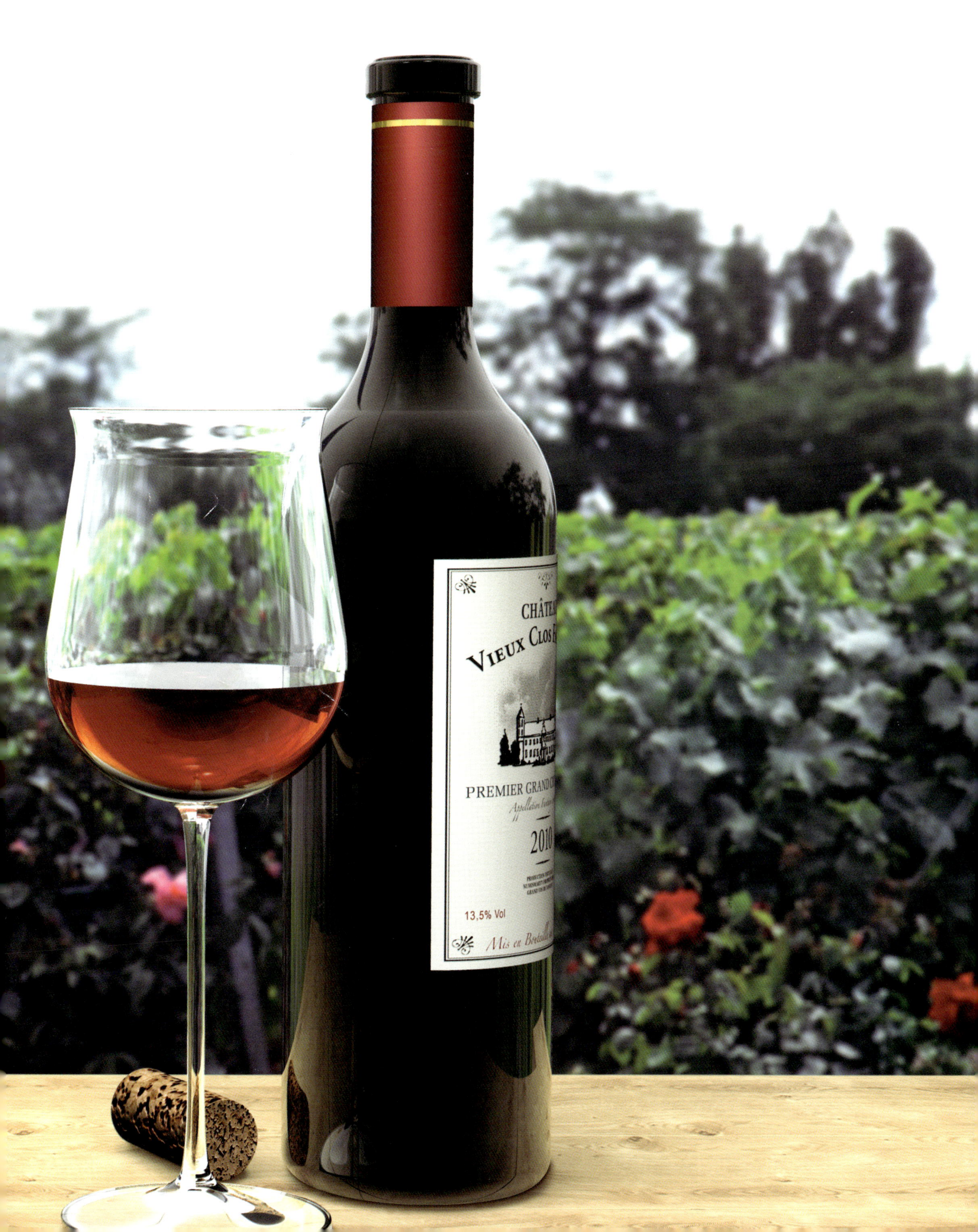
VIEUX CLOS
PREMIER GRAND
2010
13,5% Vol

As receitas de Christian Formon

Confit de coxa de pato

Coq au vin

Creme de aspargos, vinho branco e lagostim

Filet de namorado em crosta de caju, vinagrete de laranja e tomate

Filet mignon em crosta de shitaki e vinho marsala

Foie gras grelhado ao vinho sauterne e minimilho

Fricassé de camarão ao champagne e perfume de erva-cidreira

Galinha d'angola ao vinho de muscat e alecrim

Mousse ao vinho do porto, amêndoas e tâmaras

Oeuf meurette

Peito de frango recheado com queijo de cabra ao vinho rosé

Saint Jacques au beurre blanc

Sopa de frutas vermelhas e telha de amêndoas

Suco de morango gelado ao vinho rosé e lavanda

Tarte tatin

Terrine de salmão com vinagrete de manga e erva-doce

Índice de pratos com vinho

Confit de coxa de pato 134

Coq au vin 136

Creme de aspargos, vinho branco e lagostim 138

Filet de namorado em crosta de caju, vinagrete de laranja e tomate 140

Filet de robalo, aspargos e erva-doce ao vinho do Loire 142

Filet mignon em crosta de shitaki e vinho marsala 144

Foie gras grelhado ao vinho sauterne e minimilho..................... 146

Fricassé de camarão ao champagne e perfume de erva-cidreira 148

Galinha d'angola ao vinho de muscat e alecrim 150

Isca de filet mignon à provençal 152

Mousse ao vinho do porto, amêndoas e tâmaras 154

Oeuf meurette 156

Peito de frango recheado com queijo de cabra ao vinho rosé 158

Saint Jacques au beurre blanc 160

Salada de presunto de pato ao vinagrete de laranja e vinho branco 162

Sopa de frutas vermelhas e telha de amêndoas 164

Suco de morango gelado ao vinho rosé e lavanda 166

Tarte tatin 168

Terrine de salmão com vinagrete de manga e erva-doce 170

Torta de vitela ao vinho tinto com cebolas carameladas 172

Filet de robalo, aspargos e erva-doce ao vinho do Loire

Isca de filet mignon à provençal

Salada de presunto de pato ao vinagrete de laranja e vinho branco

Torta de vitela ao vinho tinto com cebolas carameladas

Confit de coxa de pato

Rendimento: 4 porções
Tempo de Preparo: 3 dias + 3 horas e 40 minutos

Ingredientes:

4 coxas de pato

sal grosso

4 galhos de tomilho

4 folhas de louro

6 dentes de alho fatiados

2 colheres (sopa) de pimenta-do-reino quebrada

1kg de gordura de pato (se não tiver, use gordura de frango)

Modo de preparo:

Tempere as coxas com sal grosso (mais ou menos 15g por cada kg de coxa), o tomilho, o louro, o alho e a pimenta. Esfregue este tempero nas coxas e deixe marinar por 24 horas. Retire o excesso de sal do pato. Coloque as coxas em uma panela, cubra-as com a gordura derretida e leve ao fogo baixo. Deixe cozinhar em fogo mínimo (vá controlando a temperatura, pois não pode ferver) por um período de 2 a 3 horas. Fure as coxas com uma agulha para saber se estão cozidas. Deixe a gordura e as coxas por 2 dias para maturar, em temperatura ambiente. Retire o pato da gordura, limpe o excesso e leve ao grill do forno até ficar com a pele tostada. Sirva a seguir.

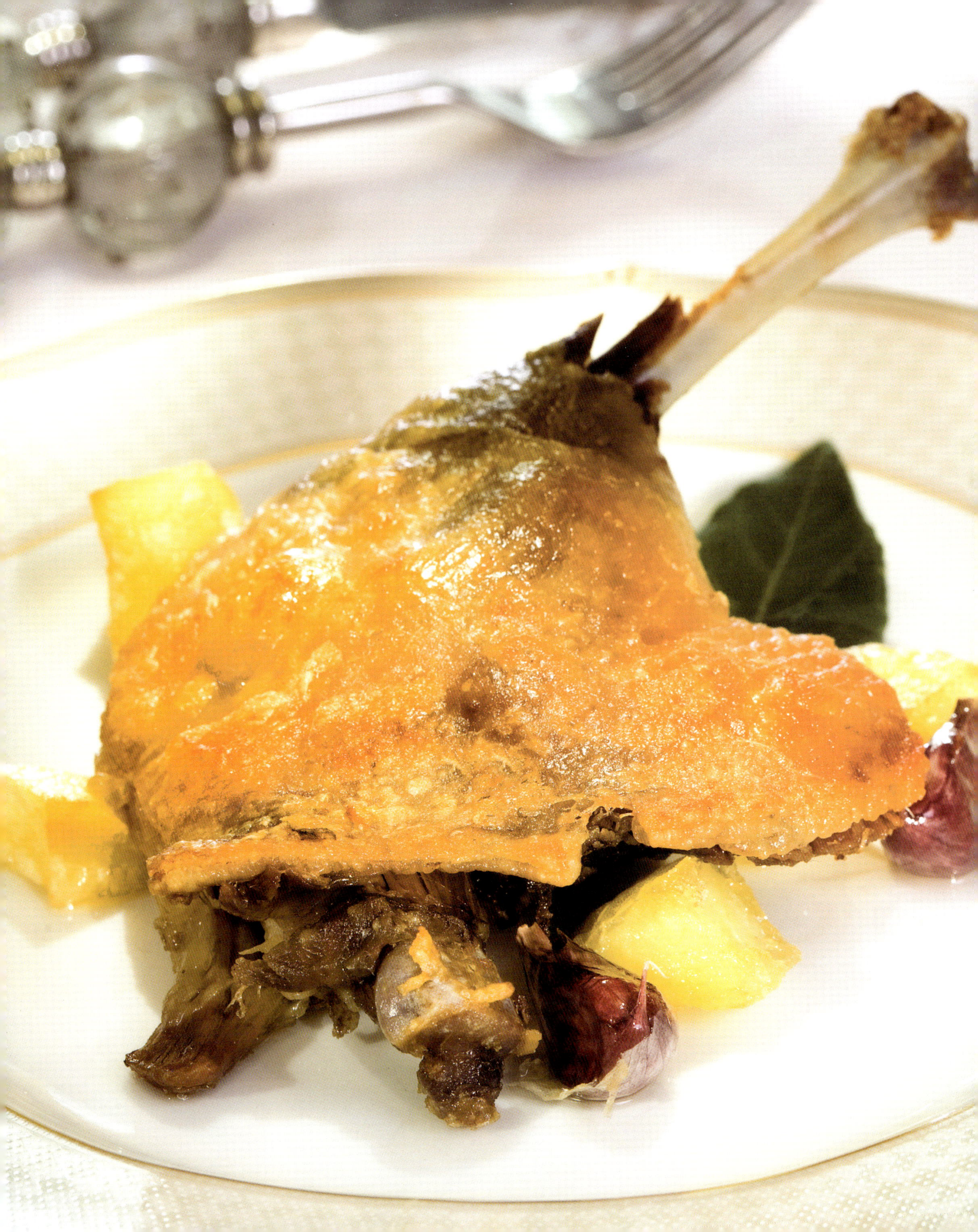

Coq au vin

Rendimento: 4 porções
Tempo de Preparo: 1 dia + 2 horas

Ingredientes:

2 kg de sobrecoxa de frango

3 colheres (sopa) de óleo

1,5 litros de vinho tinto seco

1 cebola cortada em pedaços grandes

1 cenoura cortada em pedaços grandes

2 dentes de alho amassados

1 bouquet garni

1 colher (sopa) de manteiga

3 colheres (sopa) de farinha de trigo,

sal e pimenta-do-reino a gosto

500 ml de caldo de vitela

250 ml de molho de tomate fresco

Guarnição

100g de mini-cebolas

1 colher (sopa) de açúcar

1 colher (sopa) de manteiga

200g de bacon em cubos

200g de cogumelos frescos

Modo de preparo:

Na véspera, frite as sobrecoxas de frango no óleo, coloque-as no vinho tinto junto com a cebola, a cenoura, o alho e o bouquet garni e vede com filme plástico. No dia seguinte, retire o frango, a cebola, a cenoura e seque-os. Reserve o vinho e o bouquet garni. Em uma panela, doure a cenoura e a cebola na manteiga, e depois junte as sobrecoxas de frango. Polvilhe a farinha de trigo e misture bem. Junte o alho e o bouquet garni. Tempere com sal e pimenta-do-reino. Adicione o vinho e reduza pela metade. Acrescente o caldo de vitela, o molho tomate e leve ao fogo até ferver. Abaixe o fogo, tampe a panela e deixe cozinhar por mais ou menos 1 hora. Separe os pedaços de frango. Passe o molho por uma peneira, pressionando bem. Cubra o frango com esse molho.

Guarnição

Descasque as cebolinhas. Coloque-as em uma panela rasa com o açúcar e a manteiga. Cubra com água e deixe cozinhar até que a água evapore e as cebolinhas fiquem caramelizadas. Reserve. Doure o bacon em uma frigideira. Acrescente os cogumelos frescos e refogue por alguns minutos. Junte as cebolinhas e retire do fogo.

Montagem

Distribua o frango e o molho em pratos individuais. Acrescente a guarnição.

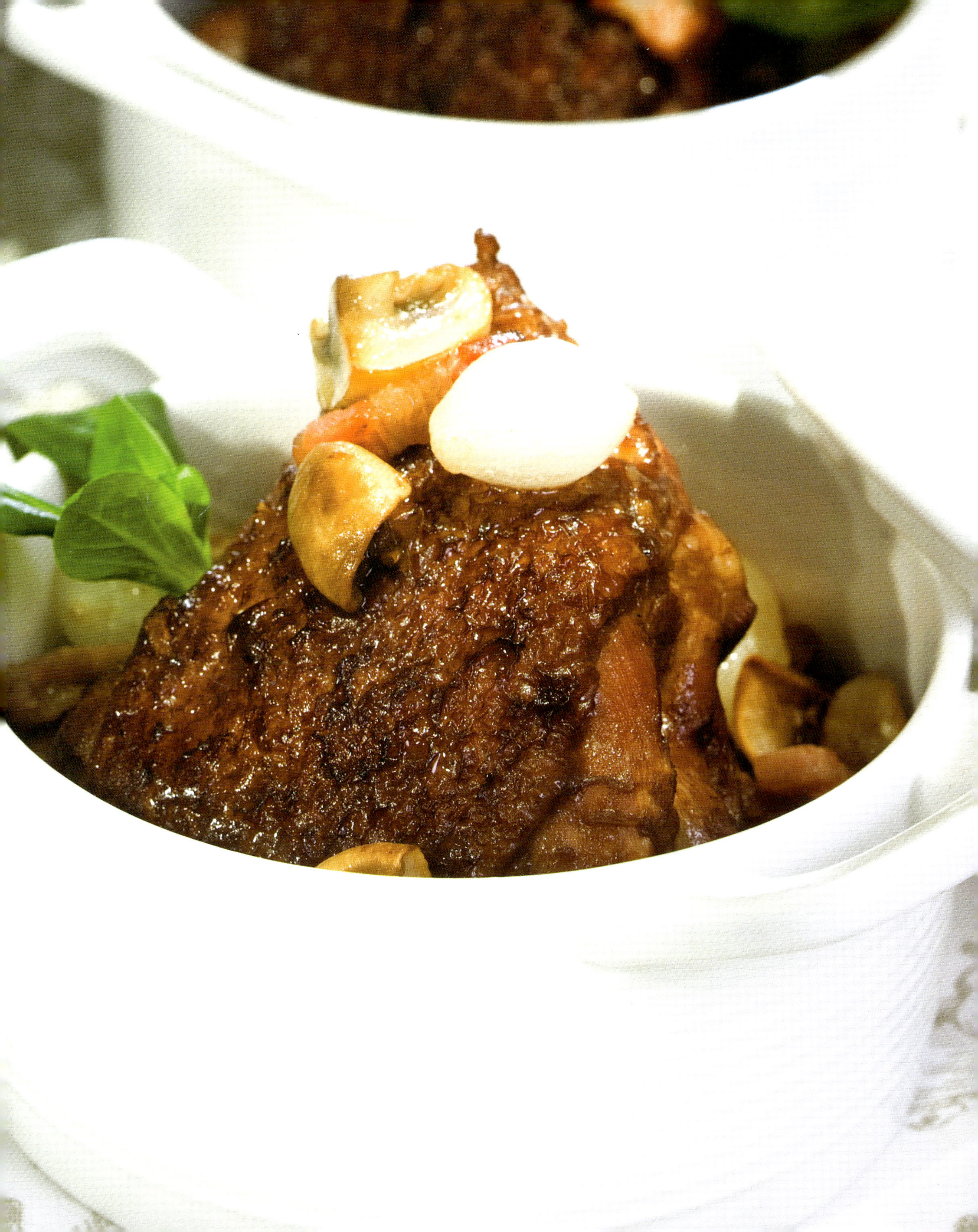

Creme de aspargos, vinho branco e lagostim

Rendimento: 4 porções
Tempo de Preparo: 40 minutos

Ingredientes:

500g de aspargos verdes

100g de cebola picada

150g de manteiga

1 litro de creme de leite fresco

200 ml de vinho branco seco

100g de catupiry

sal e pimenta a gosto

200g de lagostim limpo

Modo de preparo:

Limpe os aspargos. Em uma panela, doure a cebola na manteiga, coloque os aspargos picados, o creme de leite, o vinho branco e o catupiry. Tempere com sal e pimenta. Cozinhe em fogo baixo por 20 minutos. Bata no liquidificador até ficar homogêneo. Tempere o lagostim a gosto e doure-o.

Montagem

Coloque o creme em uma sopeira e, por cima, os lagostins. Sirva a seguir.

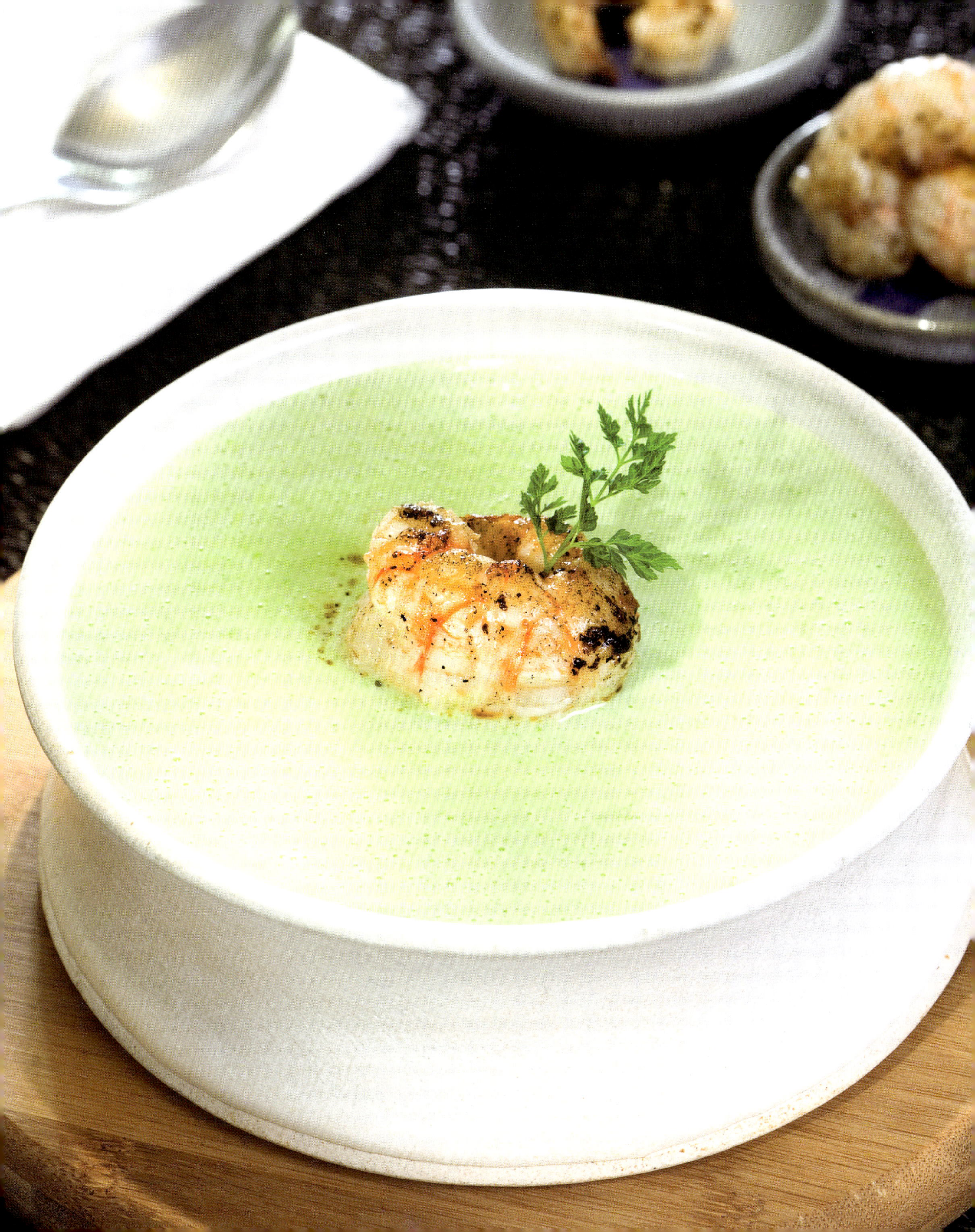

Filet de namorado em crosta de caju, vinagrete de laranja e tomate

Rendimento: 10 porções
Tempo de Preparo: 1 hora

Ingredientes:

2 kg de filet de namorado

sal e pimenta-do-reino a gosto

150g de farinha de rosca

150g de castanha-de-caju picada

150g de manteiga

1 litro de fumet de peixe

Vinagrete de laranja e tomate

2,5 litros de suco de laranja bem madura

3 colheres (sopa) de manteiga

3 tomates sem pele e sem sementes

sal e pimenta-do-reino a gosto

Modo de preparo:

Tempere os filets de peixe com sal e pimenta-do-reino. Por cima de cada filet, passe uma fina camada de farinha de rosca misturada com a castanha-de-caju. Disponha-os em uma assadeira e junte o fumet de peixe. Asse em forno médio até o peixe ficar cozido.

Vinagrete de laranja e tomate

Coloque o suco em uma panela, leve ao fogo e deixe reduzir até que adquira a consistência de um xarope. Junte a manteiga, o tomate cortado em cubos pequenos Tempere com sal e pimenta. Sirva os filets com o vinagrete.

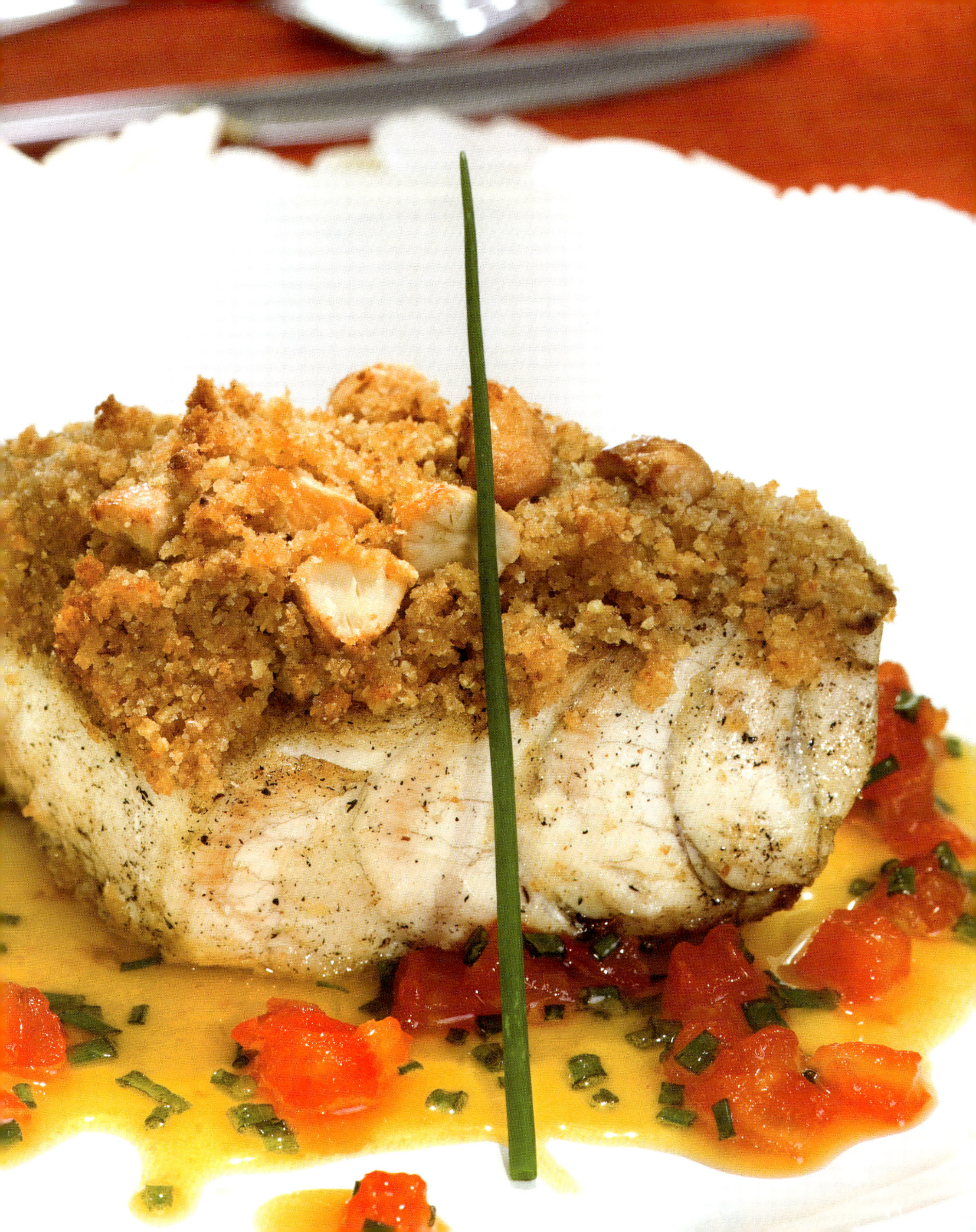

Filet de robalo, aspargos e erva-doce ao vinho do Loire

Rendimento: 4 porções
Tempo de Preparo: 45 minutos

Ingredientes:

1/2 garrafa de vinho de chinon

5 echalotes picadas

3 gráos de pimenta-do-reino

1 estrela de anis

1 bouquet garni

250g de manteiga

500g de bulbo de erva-doce cortado em palitos finos

8 aspargos

4 filets de robalo de 150g cada

azeite para grelhar o peixe

Modo de preparo:

Coloque o vinho, as echalotes, as pimentas em grão, o anis estrelado e o bouquet garni em uma panela. Ferva, deixando reduzir até evaporar 3/4 do vinho. Junte 200g de manteiga, aos poucos, até incorporá-la ao molho. Passe pela peneira e reserve. Em uma panela, refogue rapidamente a erva-doce na manteiga restante. Desligue, tampe e deixe descansar por 25 minutos. Tempere com sal. Raspe os talos dos aspargos, retirando delicadamente as fibras. Ferva em água abundante com sal por cerca de 10 minutos, atentando para que os aspargos não desmanchem e mantenham sua textura crocante. Em uma frigideira, grelhe os filés de robalo temperados com sal e pimenta no azeite, pelo lado da pele. Vire-os e grelhe do outro lado. Em um prato, coloque no meio a erva-doce e o robalo por cima. Regue com molho e decore com os aspargos.

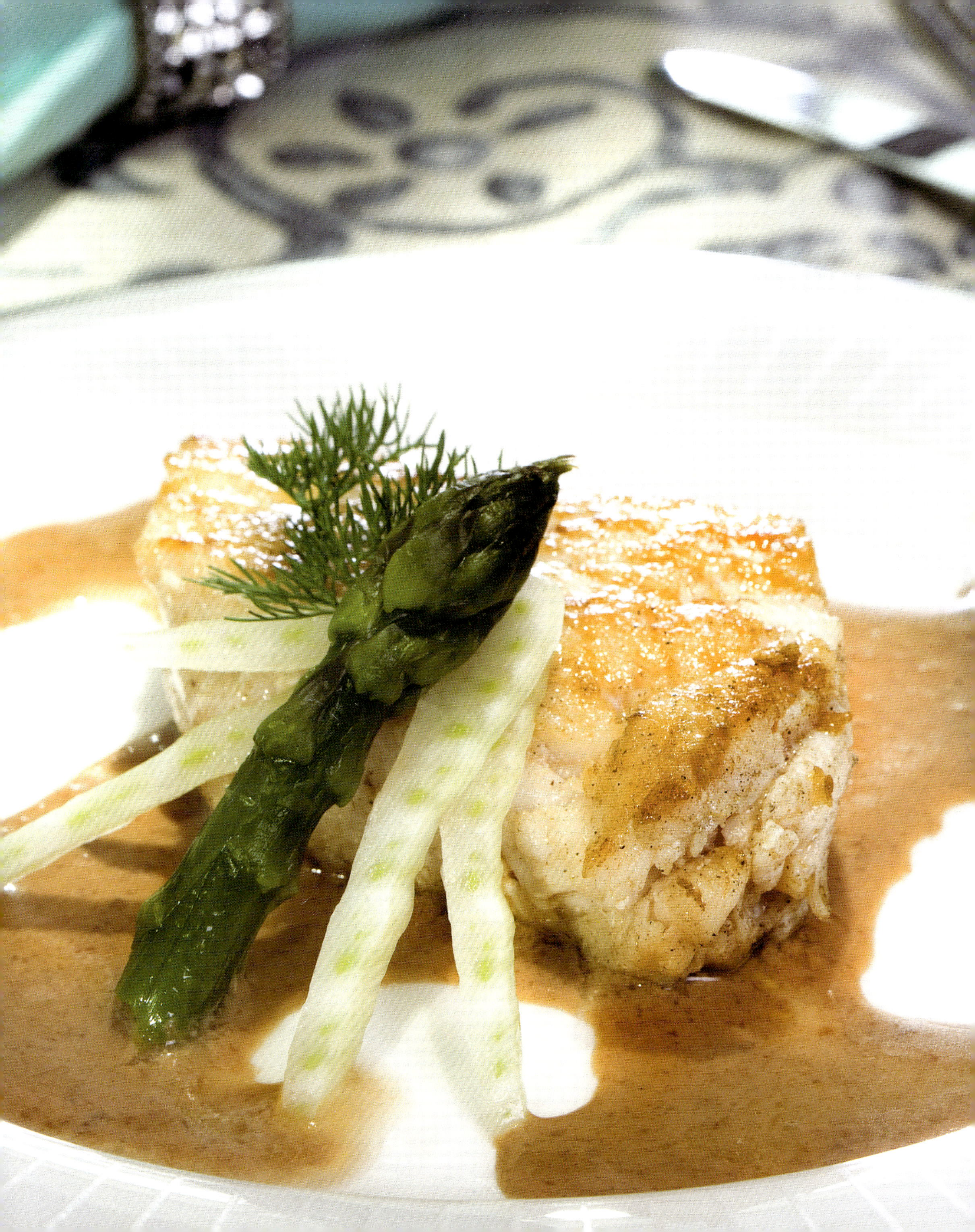

Filet mignon em crosta de shitaki e vinho marsala

Rendimento: 4 porções
Tempo de Preparo: 35 minutos

Ingredientes:

100g de manteiga clarificada
4 medalhões de filet mignon de 150g cada
pimenta-do-reino e sal a gosto
2 colheres (sopa) de cebola picada
2 dentes de alho picados
250 ml de vinho marsala
1 bouquet garni
500 ml de caldo de vitela
150g de shitake refogado
3 colheres (sopa) de farinha de rosca
2 colheres (sopa) de ciboulette picada
50g de manteiga

Modo de preparo:

Coloque a manteiga clarificada em uma frigideira e deixe aquecer. Frite os medalhões temperados com pimenta-do-reino por 3 minutos de cada lado. Tempere com sal, retire do fogo e reserve. Junte na frigideira a cebola, o alho e refogue por 1 minuto. Adicione o vinho marsala, o bouquet garni e deixe reduzir a um terço. Adicione o caldo de vitela e deixe reduzir. Acrescente, aos poucos, a manteiga, e tempere com sal e pimenta-do-reino. Misture o shitake com a farinha de rosca, a ciboulette e a manteiga até obter uma mistura homogênea. Em cima de cada filé ,disponha uma fina camada desta mistura. Arrume-os em uma assadeira, e coloque-os no grill do forno até dourar. Coloque o molho no fundo do prato, o filet por cima, e sirva com batatas.

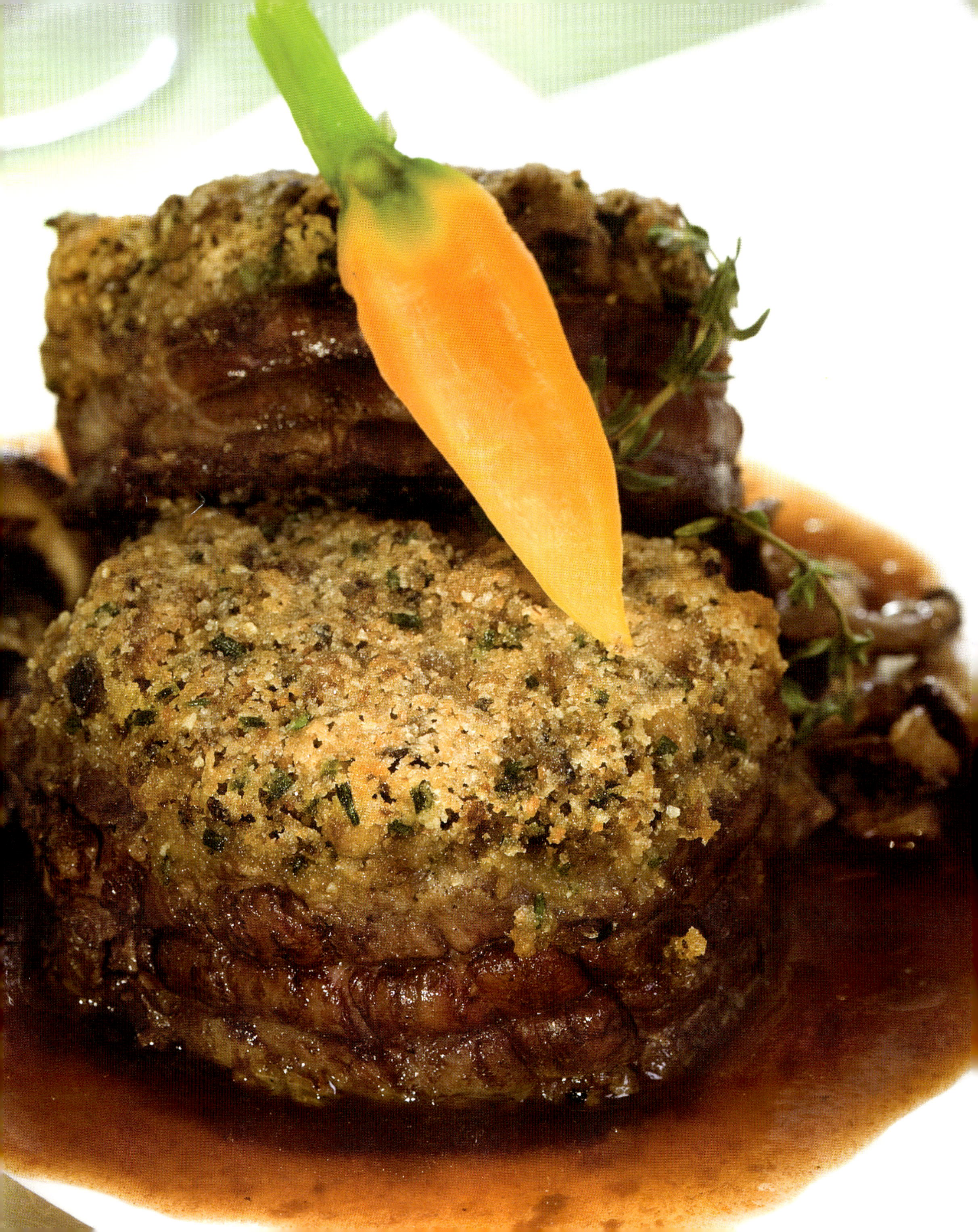

Foie gras grelhado ao vinho sauterne e minimilho

Rendimento: 4 porções
Tempo de Preparo: 35 minutos

Ingredientes:

1 foie gras fresco de pato (cerca de 600g)

sal e pimenta a gosto

100g de farinha de trigo

150g de minimilho

300 ml de vinho sauterne

50g de manteiga

1/2 colher (sopa) de pimenta-rosa

1 colher (sopa) de ciboulette

Modo de preparo:

Corte o foie gras em quatro escalopes, tempere com sal e pimenta e empane-os levemente com a farinha de trigo. Aqueça uma frigideira em fogo forte. Coloque as fatias de foie gras para corar durante 2 minutos de cada lado. Reserve. Seque a frigideira, junte o milho, adicione o vinho sauterne, e deixe reduzir o vinho em 2/3 do volume. Coloque a manteiga bem fria e deixe ficar cremoso. Tempere com sal.

Montagem

Faça uma cama com o minimilho, coloque o foie gras sobre ele e regue com a redução. Decore com pimenta-rosa e ciboulette.

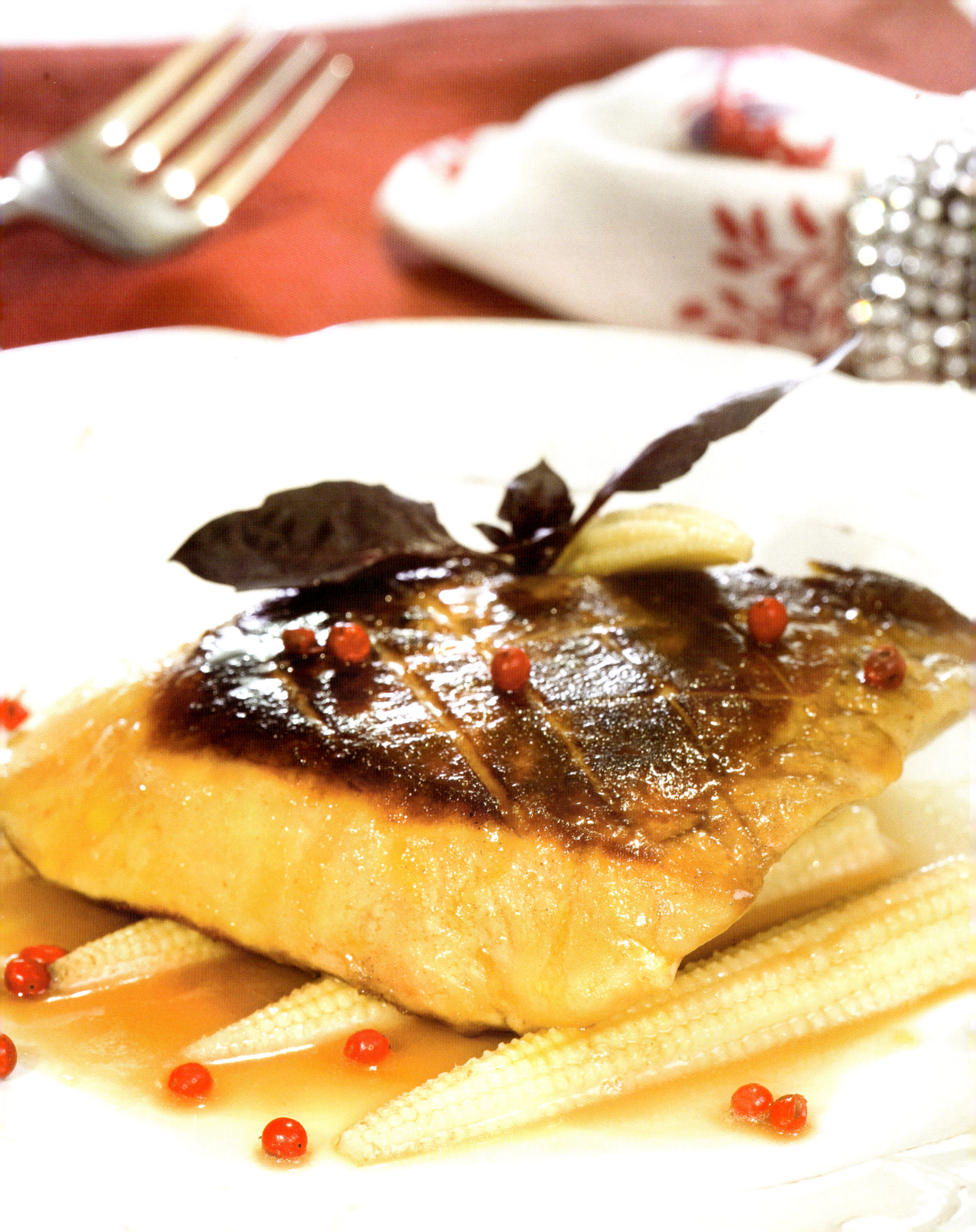

Fricassé de camarão ao champagne e perfume de erva-cidreira

Rendimento: 4 porções
Tempo de Preparo: 35 minutos

Ingredientes:

500g de camarões grandes

sal e pimenta a gosto

óleo para grelhar

350 ml de champagne

20g de erva-cidreira

350 ml de caldo de legumes

300 ml de creme de leite fresco

50g de manteiga

Modo de preparo:

Limpe os camarões, tempere-os com sal e pimenta e grelhe com um pouco de óleo. Reserve. Junte o champagne, a erva-cidreira, o caldo de legumes e deixe reduzir pela metade. Coloque o creme de leite e reduza novamente pela metade. Tempere com sal e pimenta, acrescente a manteiga e os camarões. Sirva logo em seguida.

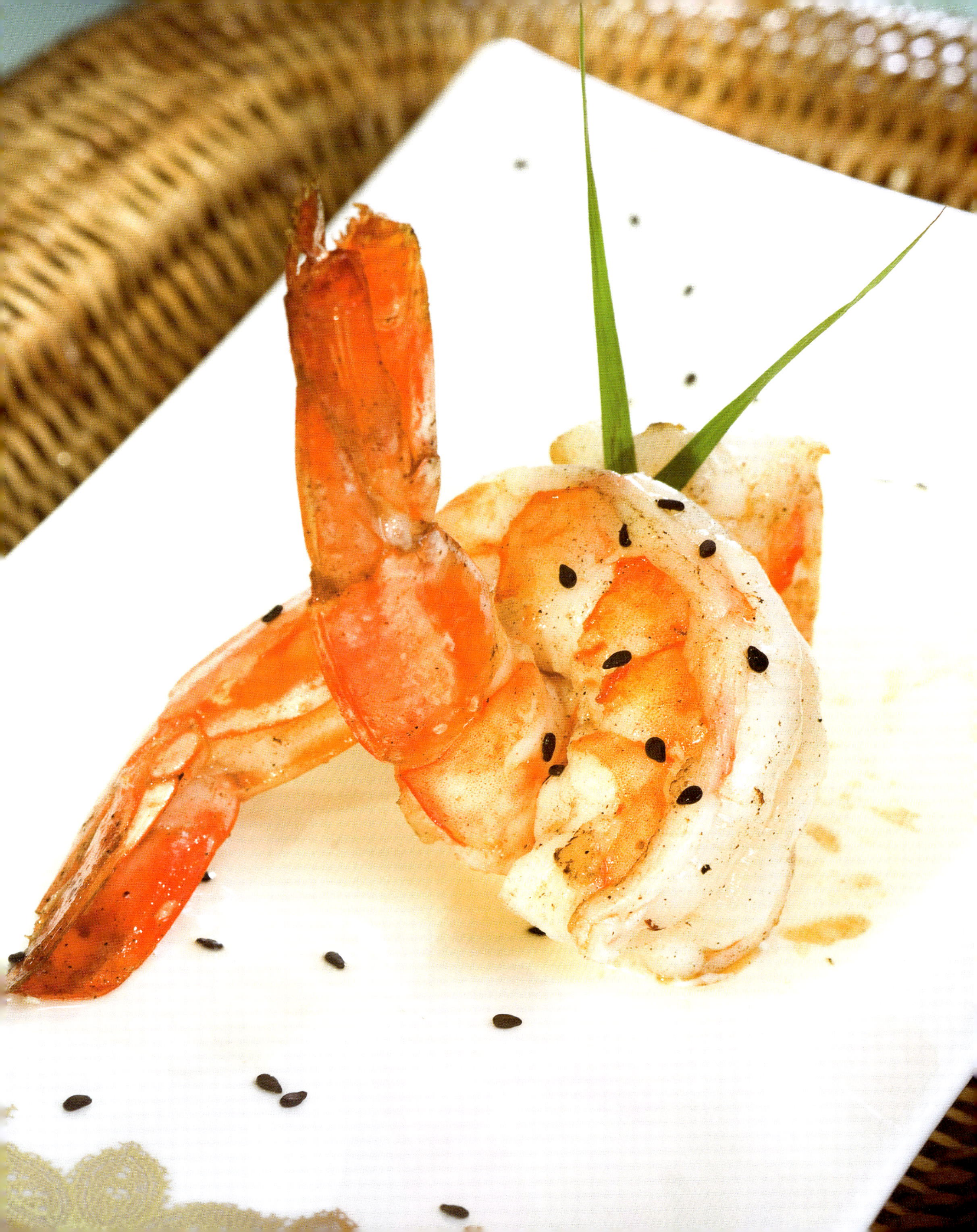

Galinha d'angola ao vinho de muscat e alecrim

Rendimento: 6 porções
Tempo de preparo: 2 horas

Ingredientes:

Tempero

50g de sal grosso

3 unidades de aniz estrelado

3g de canela em pau

3 unidades de folha de louro

3g de pimenta-do-reino em grãos

3g de alecrim

1 galinha d'angola

Recheio

200g de manteiga

100g de cebola

200g de bacon

50g de ameixa seca picada

50g de figo seco picado

50g de damasco seco picado

50g de tâmara seca picada

200 ml de vinho muscat

300g de farinha de milho

sal e pimenta

Modo de preparo:

Tempero

Bata no liquidificador o sal grosso, o aniz, a canela, o louro, os grãos de pimenta-do-reino e o alecrim. Espalhe bem este tempero sobre toda a galinha. Reserve.

Recheio

Derreta a manteiga e doure a cebola, o bacon e as frutas. Coloque o vinho muscat, acrescente a farinha de milho e tempere com sal e pimenta. A farofa deve ficar bem úmida. Recheie a galinha com essa farofa, cubra com papel-alumínio e asse a 150ºC, por 90 minutos. Retire o papel-alumínio e deixe dourar por 10 minutos, a 200ºC.

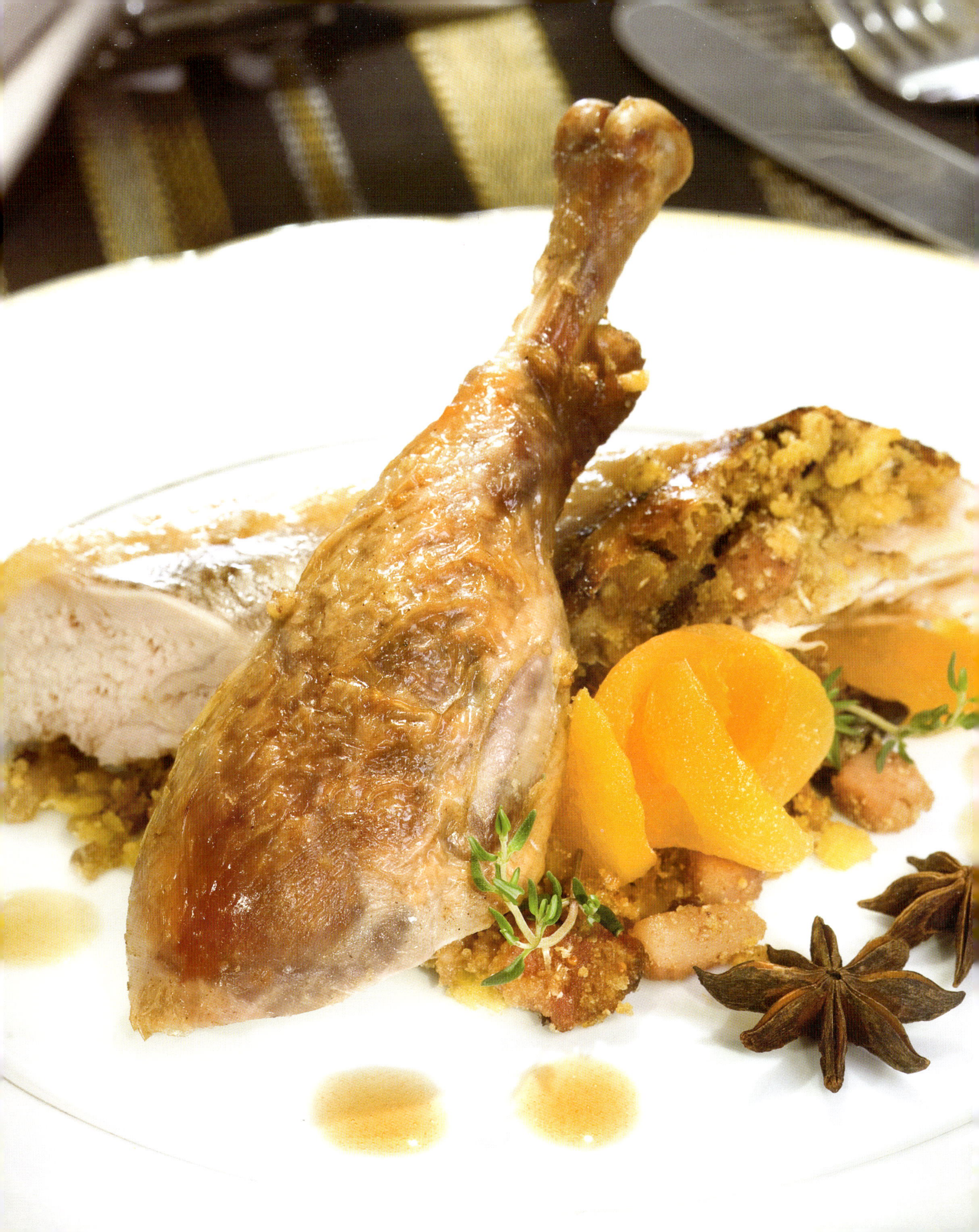

Isca de filet mignon à provençal

Rendimento: 4 porções
Tempo de preparo: 45 minutos

Ingredientes:

1 kg de filet mignon

sal e pimenta-do-reino

azeite para refogar

1/2 cebola picada

3 tomates sem pele e sem sementes, cortados em cubos

2 dentes de alho picados

150 ml de vinho branco seco

1 litro de molho de tomate

2 colheres (sopa) de azeitonas pretas picadas

2 colheres (sopa) de salsa picada

1 colher (sopa) de folhas de manjericão

Modo de preparo:

Corte o filet mignon em tiras. Tempere a carne com sal e pimenta. Em uma frigideira, refogue a carne, aos poucos, com azeite e reserve. Assim que toda a carne estiver refogada, coloque um pouco de azeite em uma panela e frite a cebola, os tomates em cubos e o alho. Acrescente o vinho branco e deixe reduzir pela metade. Junte o molho de tomate e as azeitonas pretas. Coloque o filet e cozinhe por 5 minutos.

Sirva quente, salpicado com a salsa e o manjericão.

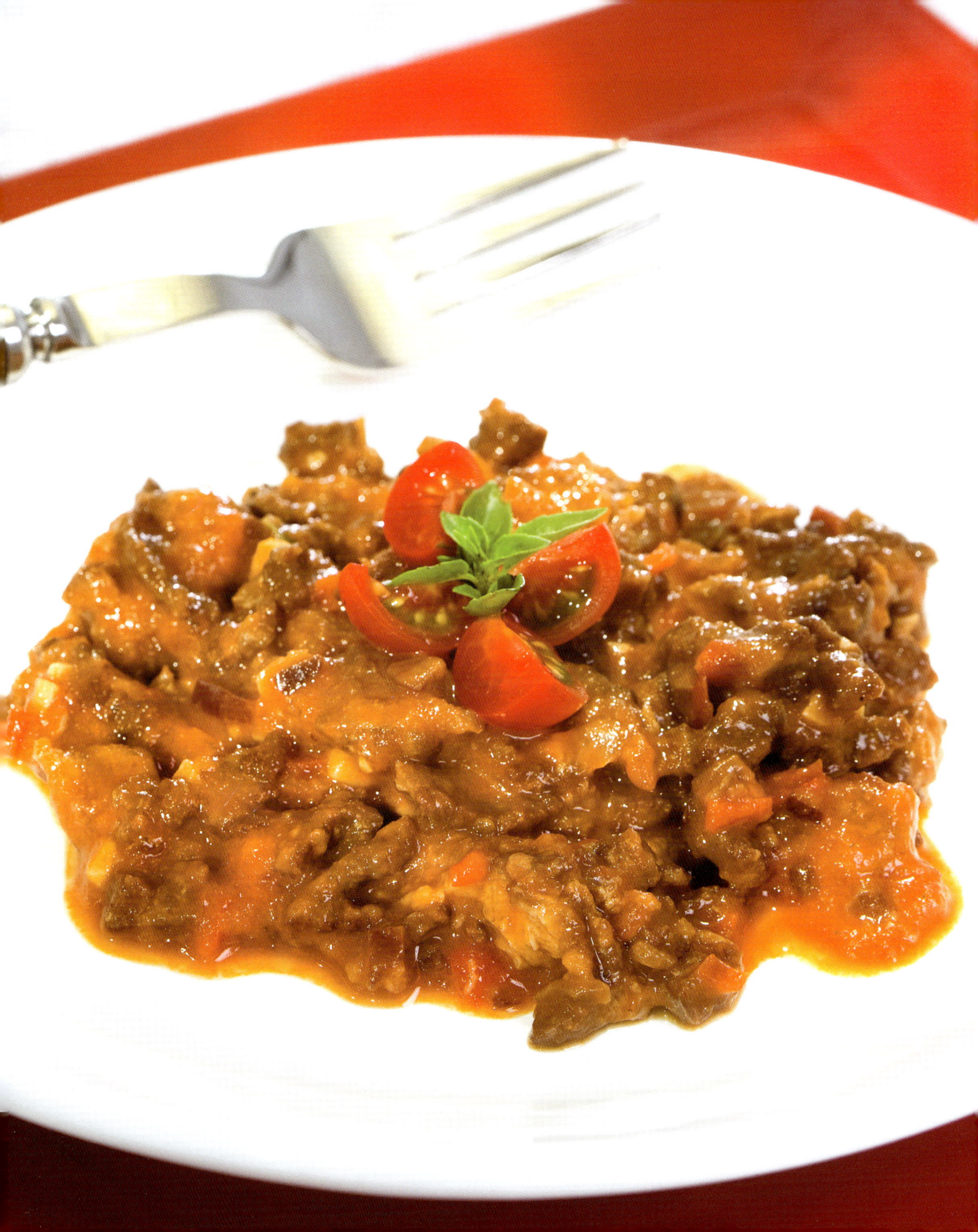

Mousse ao vinho do porto, amêndoas e tâmaras

Rendimento: 6 porções
Tempo de Preparo: 12 horas + 40 minutos

Ingredientes:

130g de açúcar

500 ml de vinho do Porto

4 folhas de gelatina incolor

350g de mascarpone

Calda de tâmara

16 tâmaras sem caroço

200 ml de suco de laranja

4 colheres (sopa) de licor de laranja

Modo de preparo:

Leve o açúcar e o vinho do Porto ao fogo até reduzir pela metade. Hidrate a gelatina em água e esprema-a para retirar o excesso. Misture a gelatina, o vinho quente e reserve. Depois de frio, misture o mascarpone e coloque em uma forma. Leve à geladeira por, no mínimo, 12 horas e sirva gelado.

Calda de tâmara

Corte as tâmaras ao meio. Cozinhe-as no suco de laranja até ficar com consistência de xarope, e adicione o licor. Deixe esfriar, e sirva com a mousse.

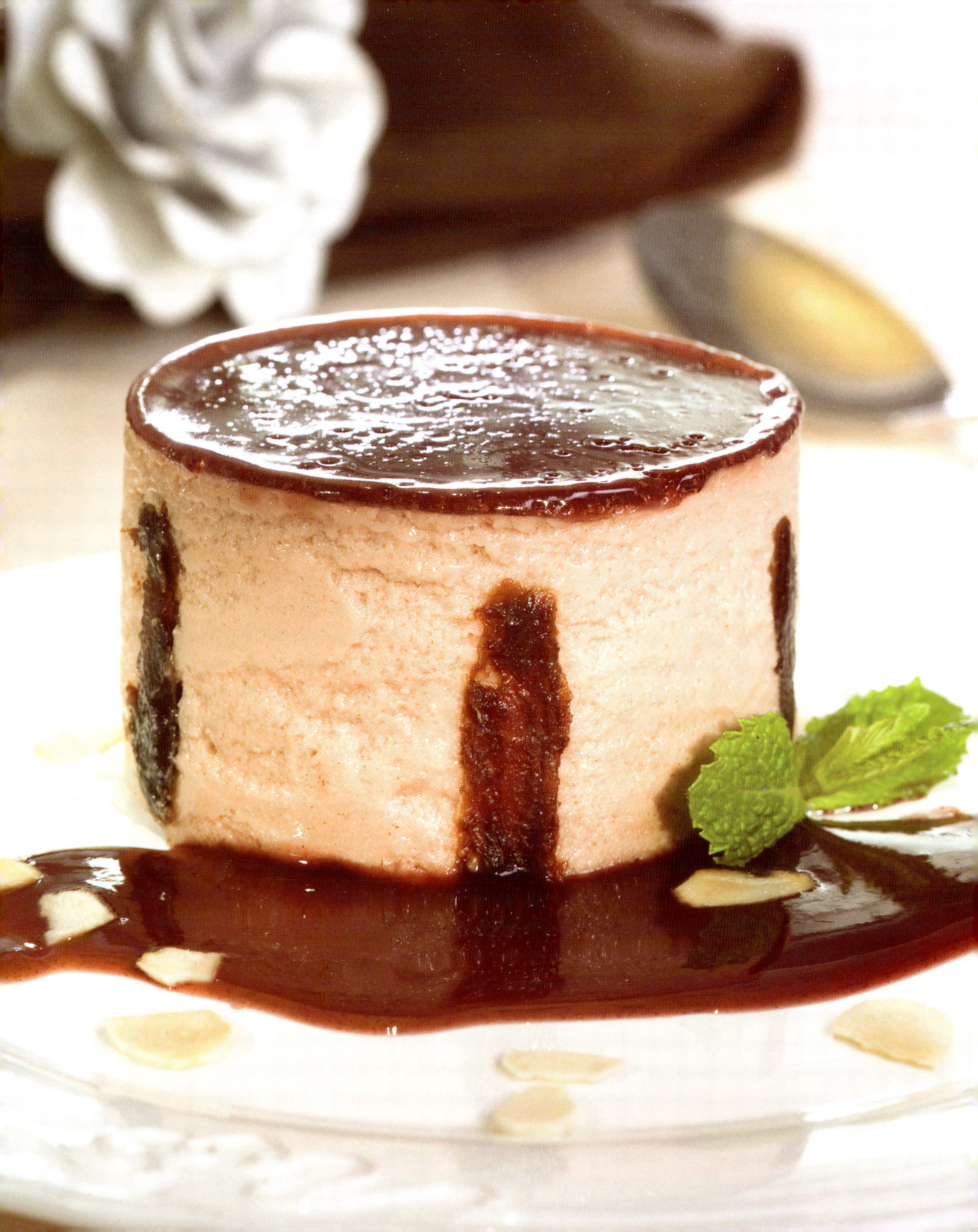

Oeuf meurette

Rendimento: 4 porções
Tempo de Preparo: 30 minutos

Ingredientes:

125g de manteiga

100g de bacon cortado em cubos

2 dentes de alho fatiados

150g de echalote ou cebola roxa picada

750 ml de vinho tinto (bourgone rouge ou syrha)

250 ml de caldo de galinha

2 colheres (sopa) de salsa picada

sal e pimenta-do-reino a gosto

100 ml de vinagre de vinho

8 ovos

8 fatias de pão de "campagne" esfregadas com alho e torradas

Modo de preparo:

Derreta uma colher (sopa) de manteiga, junte o bacon, o alho e a echalote. Refogue sem dourar, por 10 minutos, em fogo baixo. Adicione o vinho, deixe reduzir e coloque o caldo de galinha. Reduza a 2/3 do volume. Junte o restante da manteiga, batendo com um fouet, e adicione a salsa picada. Verifique sal e pimenta-do-reino. Reserve no banho-maria. Coloque água em uma panela com o vinagre, e leve ao fogo até começar a ferver. A seguir, quebre um ovo sobre a água, e deixe no fogo até a clara ficar firme e a gema um pouco mole. Forre um prato com papel toalha e coloque o ovo sobre ele, com uma escumadeira. Faça o mesmo com o restante dos ovos. Reserve em um lugar quente. Regue o fundo do prato com o molho, coloque as torradas e os ovos por cima. Sirva quente.

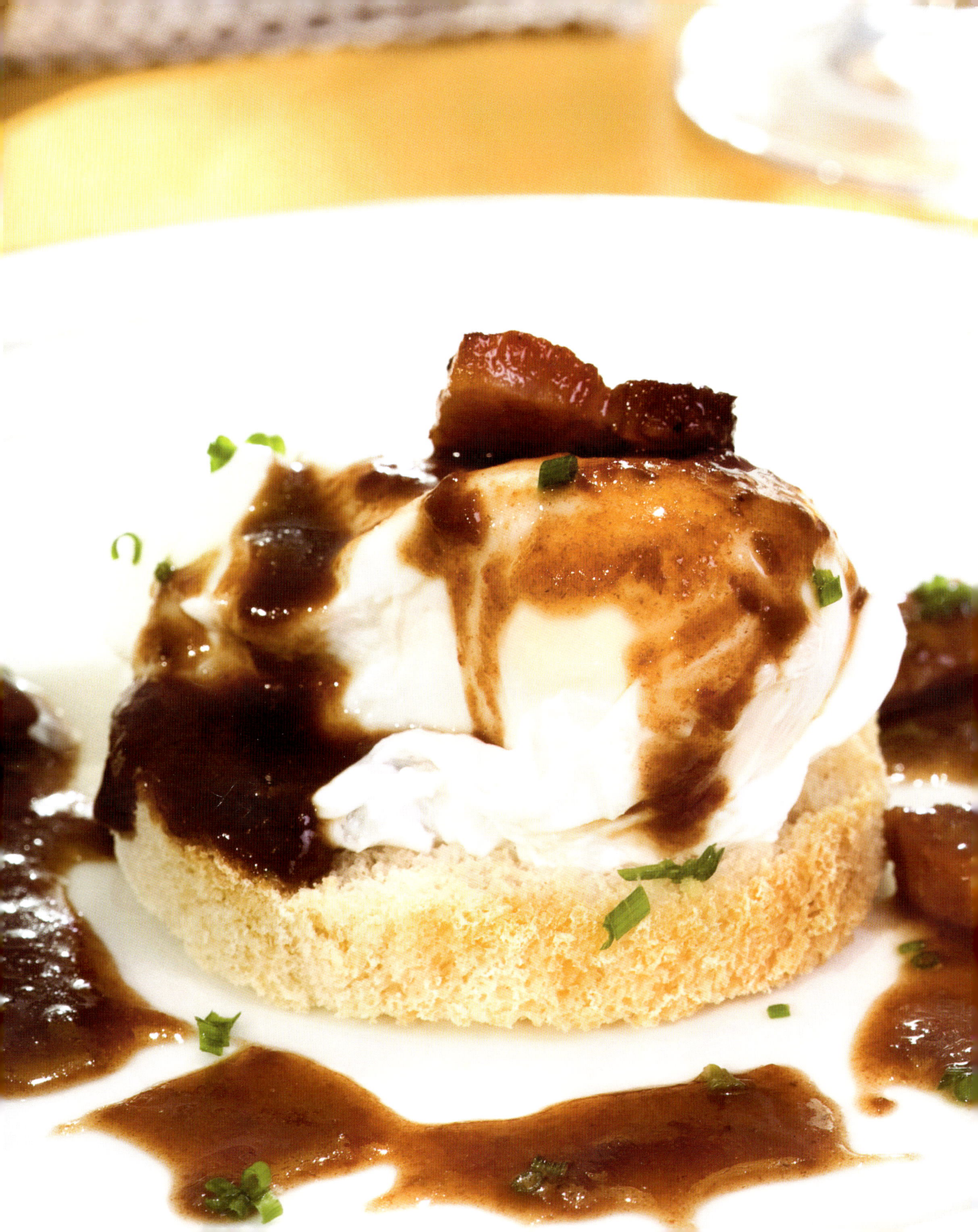

Peito de frango recheado com queijo de cabra ao vinho rosé

Rendimento: 4 porções
Tempo de Preparo: 50 minutos

Ingredientes:

1 kg de peito de frango

450g de queijo de cabra tipo boursin

2 colheres (sopa) de ciboulette picada

sal e pimenta-do-reino a gosto

2 colheres (sopa) de gergelim branco

1/2 cebola picada

2 dentes de alho picados

300 ml de vinho rosé

1 bouquet garni

100 ml de caldo de frango

300 ml de creme de leite fresco

2 colheres (sopa) de manteiga

2 colheres (sopa) de cerefólio

Modo de preparo:

Limpe o peito de frango, faça uns três cortes de cada lado no sentido diagonal, sem separar as partes. Misture o queijo de cabra com a ciboulette e tempere com sal e pimenta. Recheie cada peito com esta mistura e feche os cortes com palitos. Deixe descansar por pelo menos 1 hora na geladeira, para o queijo firmar. Para fazer o molho, coloque o gergelim em uma panela e leve ao fogo, mexendo até tostar, sem queimar. Acrescente a cebola, o alho e refogue mais um pouco. Adicione o vinho e o bouquet garni, e deixe reduzir até a metade. Coloque o caldo de frango, ferva por 5 minutos e, no final, junte o creme de leite. Deixe apurar até ficar cremoso. Aqueça bem uma frigideira, acrescente a manteiga e grelhe o frango por aproximadamente 10 minutos, virando-os na metade do tempo. Fatie o peito, disponha-o em uma travessa, e regue com o molho. Salpique com cerefólio, e sirva a seguir.

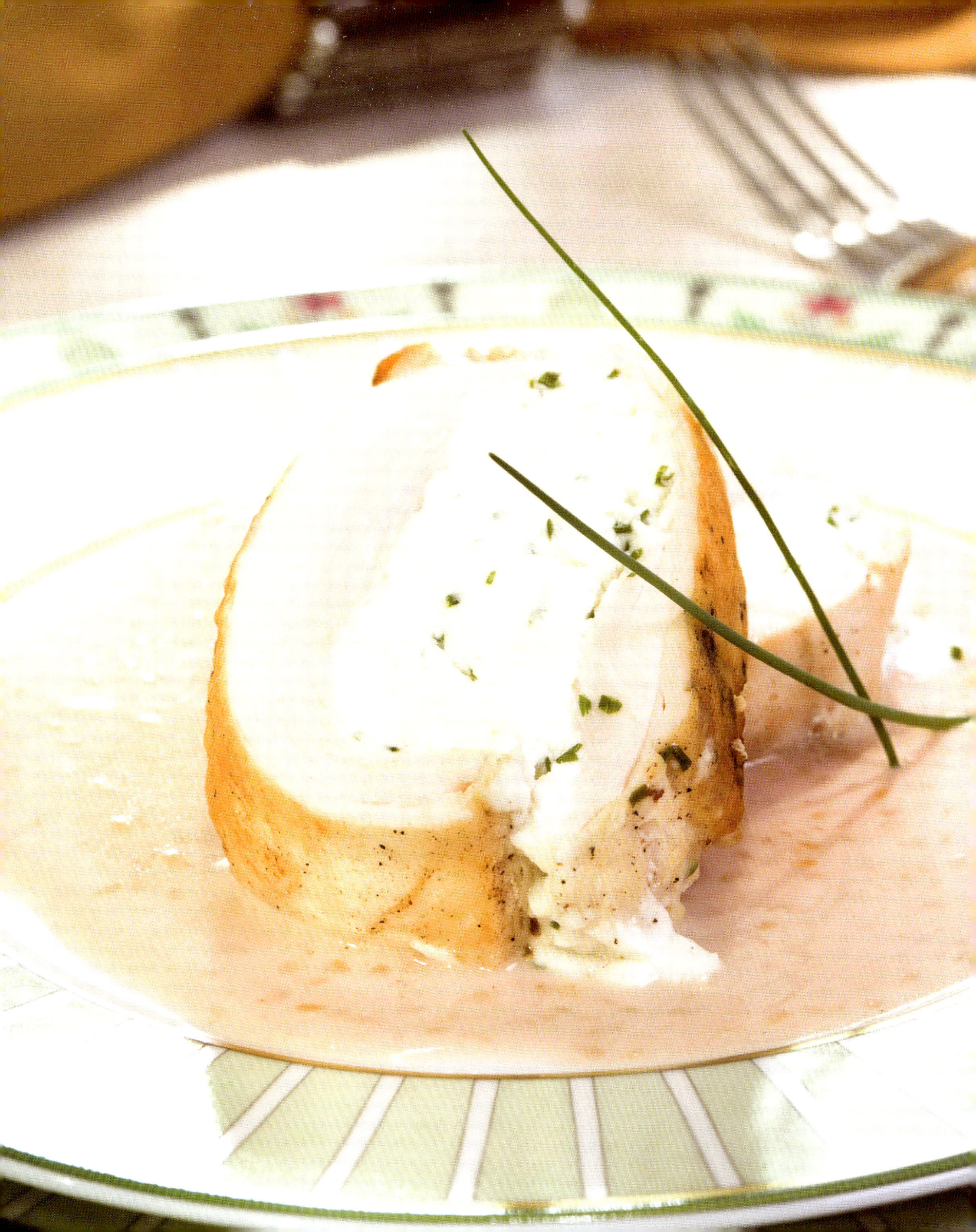

Saint Jacques au beurre blanc

Rendimento: 4 porções
Tempo de Preparo: 35 minutos

Ingredientes:

50g manteiga

24 vieiras com ovas

sal e pimenta-do-reino a gosto

Beurre Blanc Com Ciboulette

3 colheres (sopa) de echalote picada fina (ou cebola roxa)

100 ml de vinagre de vinho branco

150 ml de vinho branco seco

125g de manteiga em pedaços

2 colheres (sopa) de ciboulette picada

sal e pimenta-do-reino

Modo de preparo:

Unte uma assadeira com metade da manteiga. Tempere as vieiras com sal e pimenta-do-reino. Pincele as vieiras com o restante da manteiga e asse no grill do forno por, aproximadamente, 2 minutos. Leve ao fogo uma panela pequena com a cebola, o vinagre e o vinho. Reduza até sobrar 1/4 do líquido inicial. Passe a redução por uma peneira e coloque de volta na panela. Coloque a panela em banho-maria e, mexendo sempre com um batedor de arame, vá incorporando os pedaços de manteiga aos poucos, até obter um molho emulsionado. No final, adicione a ciboulette e tempere com sal e pimenta. Coloque as vieiras nas próprias conchas e regue com o molho de servir.

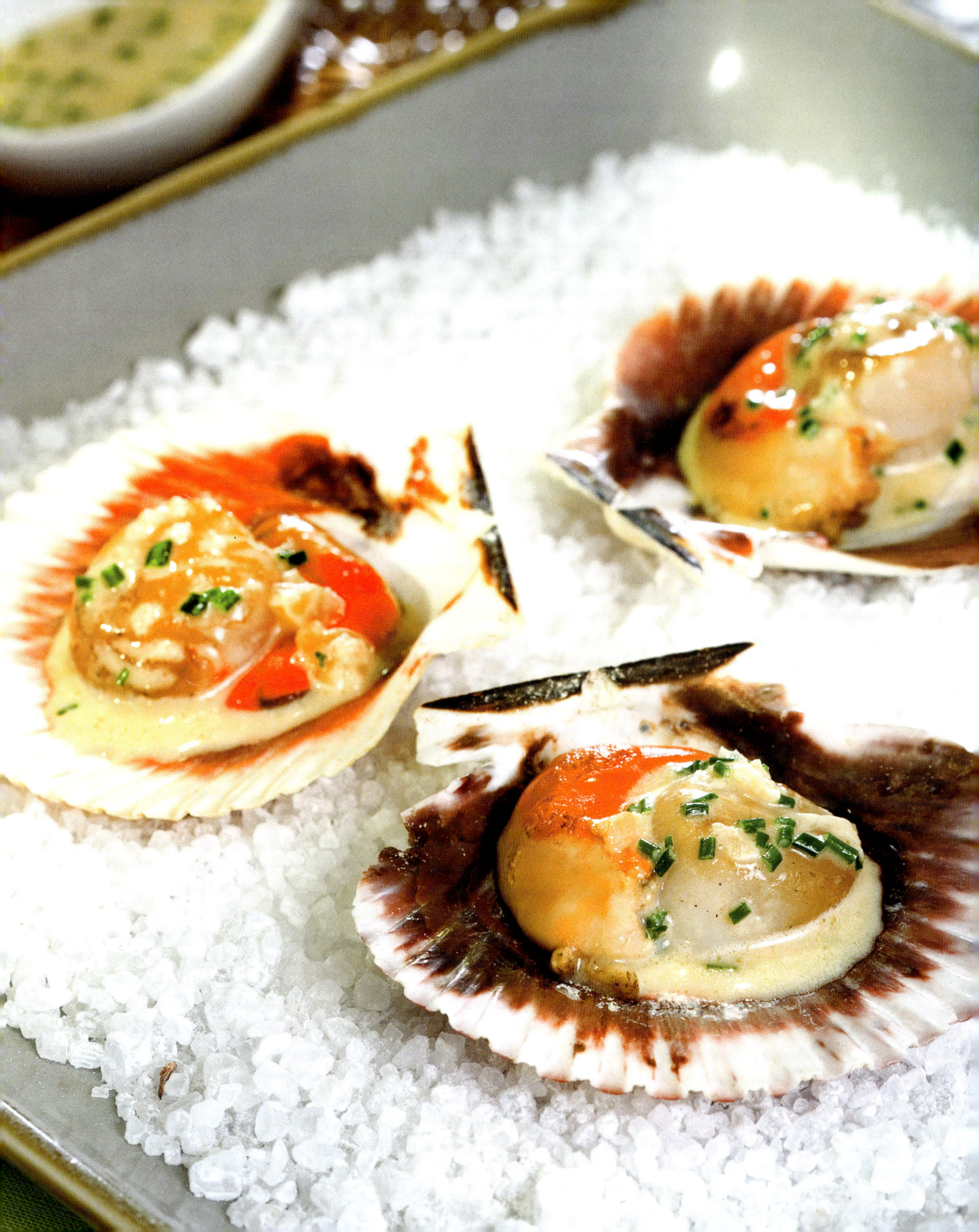

Salada de presunto de pato ao vinagrete de laranja, e vinho branco

Rendimento: 4 porções
Tempo de Preparo: 15 minutos

Ingredientes:

2 laranjas

50 ml de vinho branco seco

100 ml de azeite extravirgem

sal e pimenta-do-reino a gosto

1 magret de pato defumado

folhas verdes

Modo de preparo:

Faça um suco com as duas laranjas e reserve a casca de uma delas. Misture o suco com o vinho, o azeite e bata tudo no liquidificador. Tempere com sal e pimenta. Corte a casca da laranja bem fina, sem a parte branca, e cozinhe por alguns minutos. Use para decorar.

Montagem

Corte o magret em fatias finas, faça uma cama de folhas, coloque as fatias sobre as folhas e regue com o vinagrete.

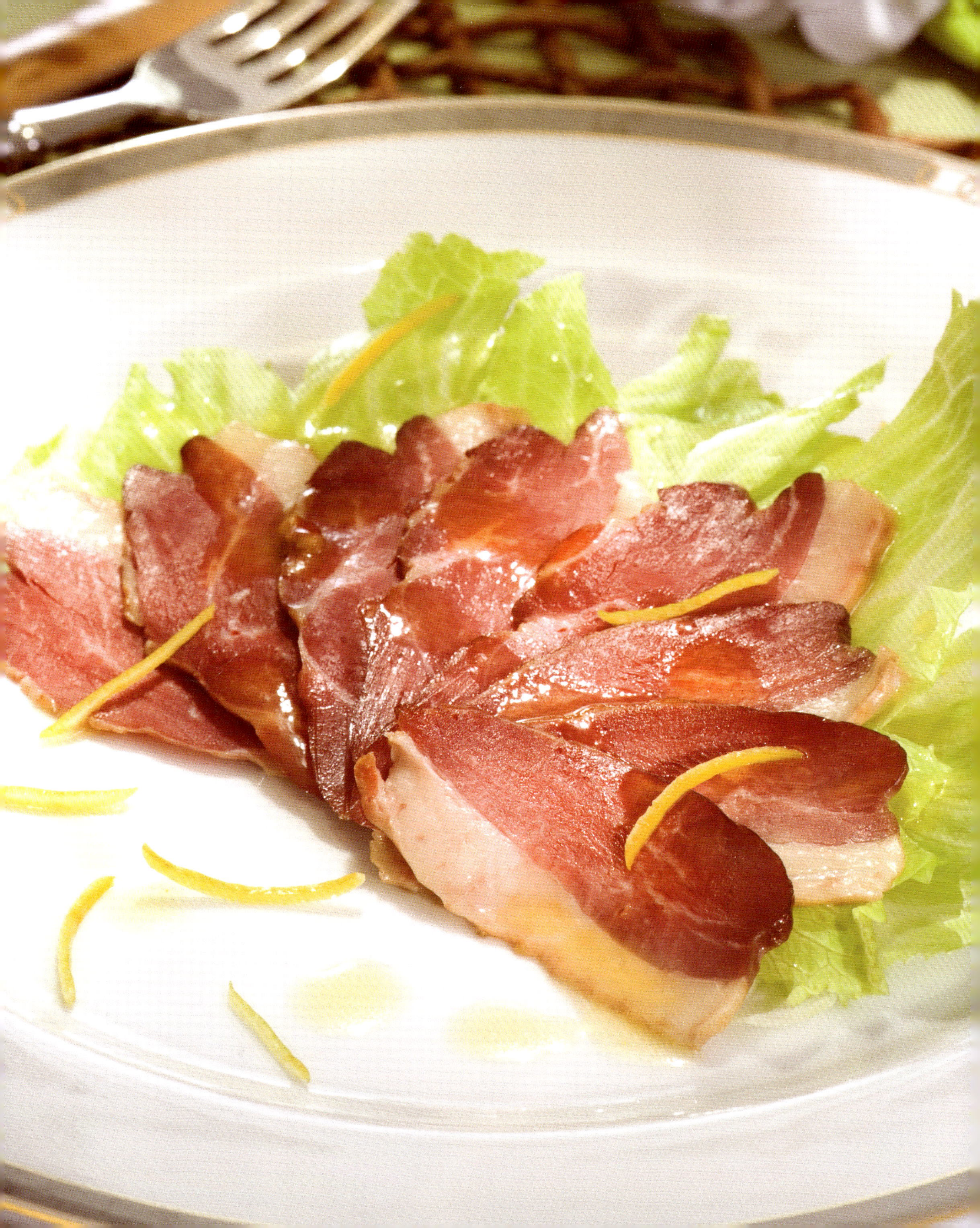

Sopa de frutas vermelhas e telha de amêndoas

Rendimento: 10 porções
Tempo de Preparo: 40 minutos

Ingredientes:

Sopa

600 ml de vinho tinto

250g de açúcar

1 pedaço de canela

1/2 fava de baunilha

suco de 1 limão

suco de 1/2 laranja

400g de morangos

300g de framboesas

300g de amoras

10 bolas de sorvete de creme

20 folhas de hortelã

Telha de Amêndoas

125g de açúcar de confeiteiro

50g de farinha de amêndoas

125g de farinha de trigo

150g de claras

2 gotas de essência de baunilha

125g de manteiga

Modo de preparo:

Sopa

Leve ao fogo o vinho, o açúcar, a canela, a baunilha, e os sucos de limão e laranja. Ferva por 5 minutos e deixe resfriar. Passe pela peneira, e bata no liquidificador com 200g de morangos. Misture o restante dos morangos cortados em fatias, as amoras e as framboesas.

Telha de Amêndoas

Misture o açúcar de confeiteiro e as farinhas. Adicione as claras, a baunilha, a manteiga derretida, misture e leve à geladeira. Espalhe essa massa sobre uma assadeira forrada com slipat. Leve ao forno moderado até ficarem douradas. Com uma espátula, desgrude-as da assadeira e molde-as enquanto quentes. Coloque no fundo do prato a sopa de frutas vermelhas bem gelada, por cima as frutas, no meio o sorvete e, por cima, a telha de amêndoas. Decore com as folhas de hortelã.

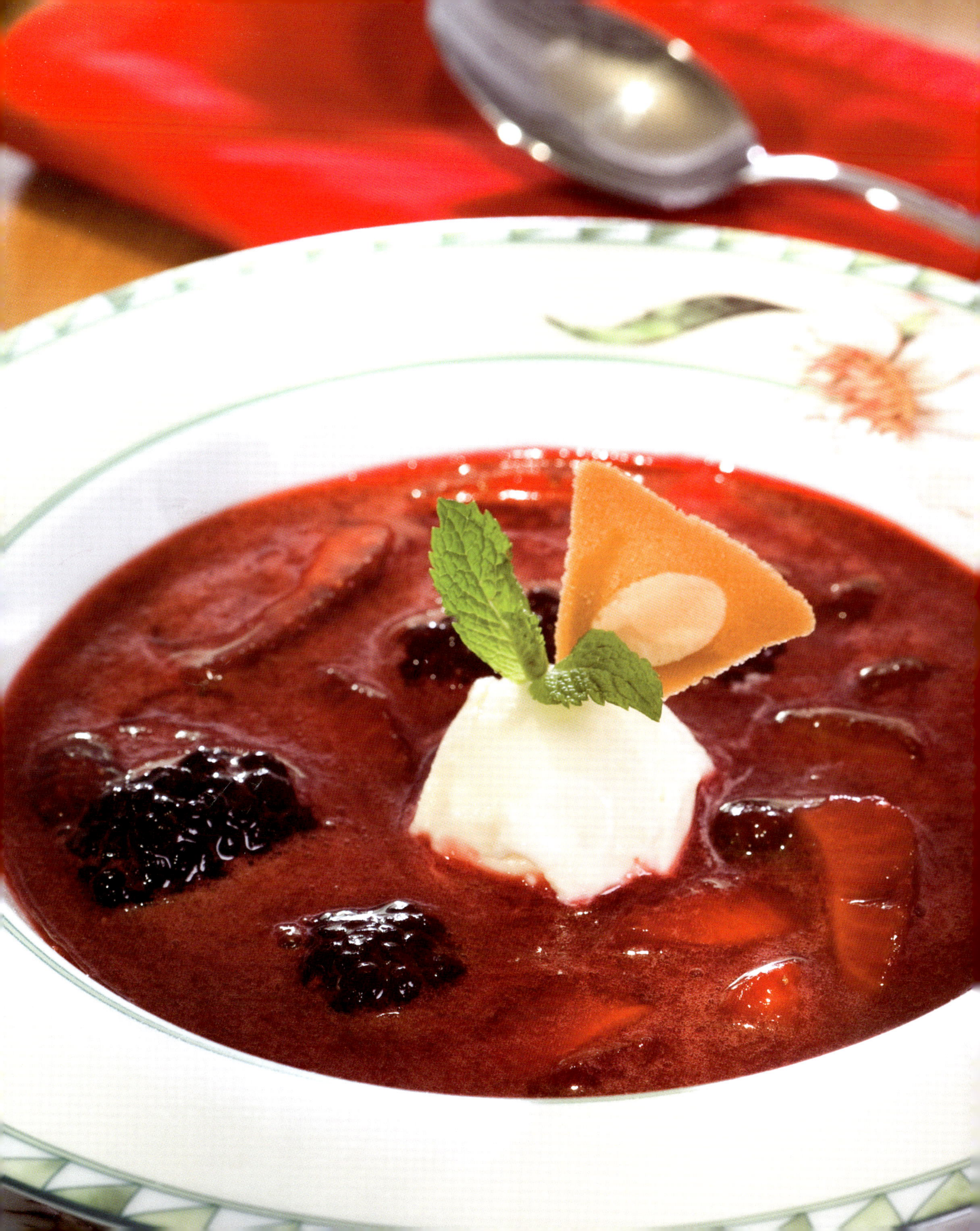

Suco de morango gelado ao vinho rosé e lavanda

Rendimento: 4 porções
Tempo de Preparo: 20 minutos

Ingredientes:

400 ml de vinho rosé

50g de açúcar

1 colher (sopa) de flor de lavanda

250g morangos lavados

Modo de preparo:

Em uma panela, ferva o vinho e o açúcar por 3 minutos. Apague o fogo, coloque a lavanda e deixe em infusão por 10 minutos. Passe pela peneira, e bata o vinho e os morangos no liquidificador.

Sirva bem gelado.

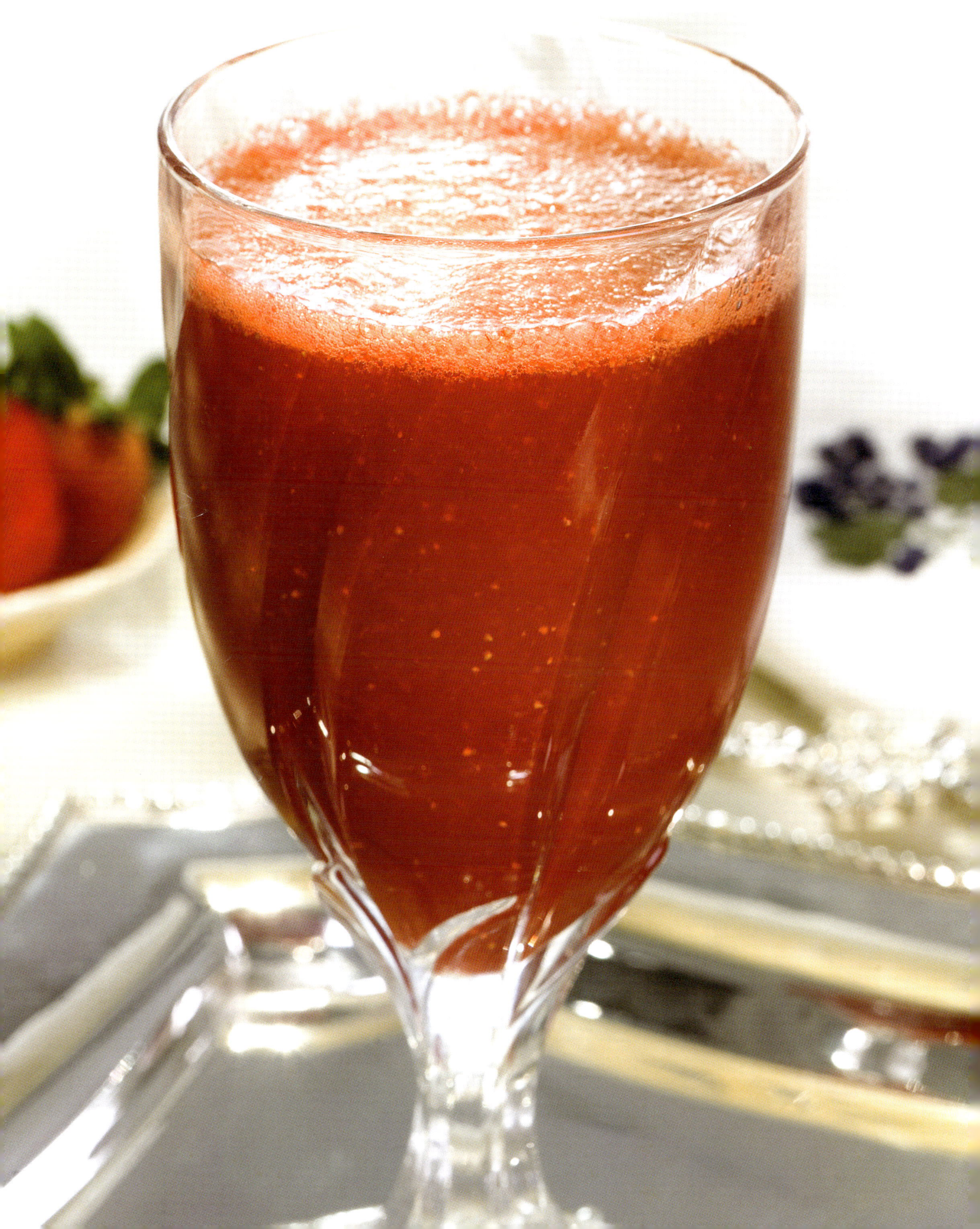

Tarte tatin

Rendimento: 12 porções
Tempo de Preparo: 2 horas

Ingredientes:

Massa

200g de farinha de trigo

1 pitada de sal

2 colheres (sopa) de açúcar

100g de manteiga

leite para dar o ponto

Recheio

50g de manteiga

100g de açúcar

8 maçãs descascadas e cortadas ao meio

12 bolas de sorvete de creme

Modo de preparo:

Massa

Peneire a farinha com o sal e o açúcar, e acrescente a manteiga fria em pedacinhos. Com a ponta dos dedos, incorpore a manteiga à farinha. Acrescente o leite, aos poucos, até formar uma massa. Deixe descansar por, no mínimo, 20 minutos.

Recheio

Faça um caramelo com a manteiga e o açúcar em uma forma de bolo redonda, de 25 cm de diâmetro. Arrume as maçãs na forma, cubra com papel-alumínio, e asse no forno até as maçãs ficarem macias. Retire o papel-alumínio, seque o excesso do suco das maçãs no fogão em fogo médio, e deixe esfriar. Abra a massa, coloque-a por cima das maçãs e asse no forno médio até a massa ficar crocante. Desenforme quente, e sirva com o sorvete de creme.

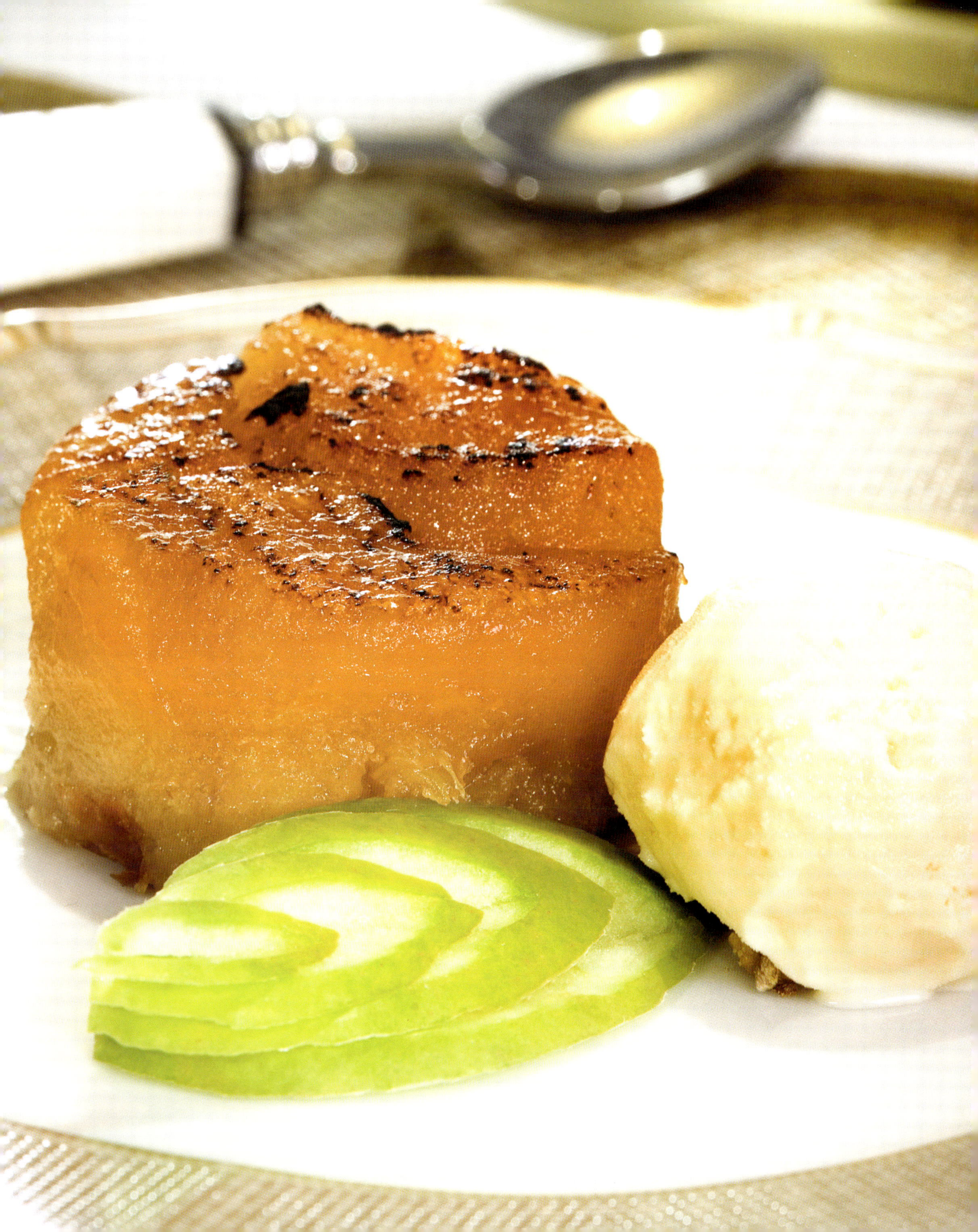

Terrine de salmão com vinagrete de manga e erva-doce

Rendimento: 8 porções
Tempo de Preparo: 1 hora

Ingredientes:

Terrine

1 litro de fumet de peixe

700g de salmão fresco

4 colheres (sopa) de azeite

1 pote de iogurte natural

suco de 1 limão

100g de manteiga amolecida

150g de salmão defumado cortado em cubos

2 colheres (sopa) de ciboulette picada

sal e pimenta-do-reino a gosto

300g de salmão defumado fatiado

Vinagrete

250g de manga cortada em cubos

150 ml de azeite

50g de alcaparras

50g de bulbo de erva-doce cortada em cubos

2 colheres (sopa) de ciboulette picada

sal a gosto

Modo de preparo:

Cozinhe no fumet de peixe o salmão fresco, e desfie. No liquidificador, bata o azeite, o iogurte, o suco de limão e a manteiga. Passe essa mistura para uma tigela, e adicione o salmão desfiado, o salmão defumado em cubos, a ciboulette, sal e pimenta. Reserve. Forre uma terrine com o salmão defumado fatiado, encha com a mistura de salmão e leve à geladeira.

Vinagrete

Em uma tigela, misture a manga, o azeite, as alcaparras, a erva-doce, a ciboulette e sal. Sirva com a terrine.

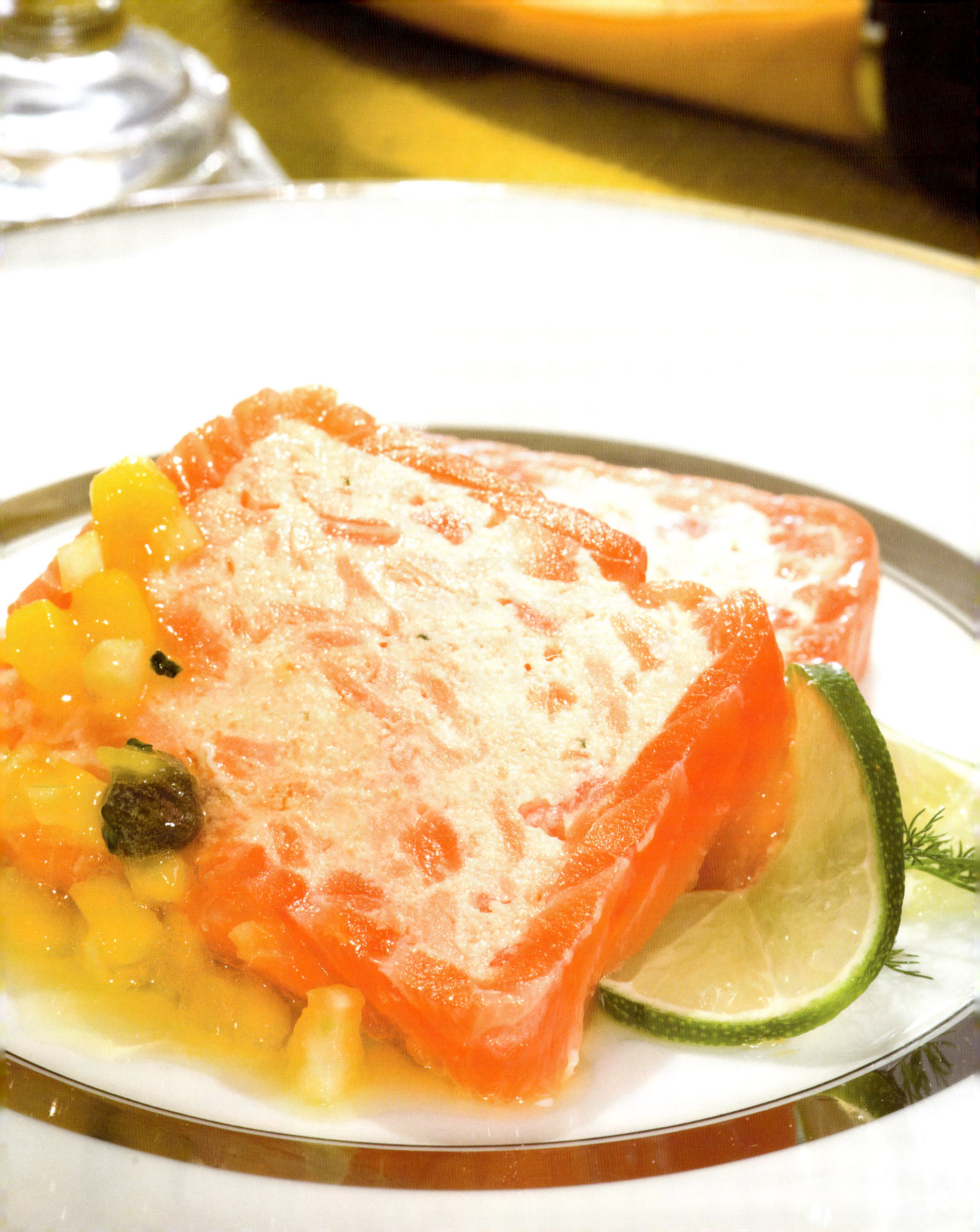

Torta de vitela ao vinho tinto com cebolas carameladas

Rendimento: 8 porções
Tempo de Preparo: 1 hora e 30 minutos

Ingredientes:

1 kg de lombo ou perna de vitela, limpo e cortado em cubos de 1cm

1 garrafa de vinho tinto seco

1 cebola picada

1 cenoura picada

1 bouquê garni (1 talo de salsão, 1 alho-poró,

1 ramo de tomilho, 1 folha de louro, 5 ramos de salsa)

2 grãos de zimbro

50 ml de óleo

1 litro de caldo de carne

300g de massa folhada

1 gema batida

50 ml de manteiga

Cebolas Carameladas

300g de cebolas cortadas em fatias

1 colher (sopa) de manteiga

2 colheres (sopa) de mel

150 ml de água

sal e pimenta-do-reino

100g de bacon picado

Modo de preparo:

De véspera, coloque a carne para marinar com o vinho, os legumes, o bouquê garni e o zimbro. No dia seguinte, escorra a carne e aqueça o óleo em uma panela. Refogue a carne até dourar bem e retire a gordura. Refogue os legumes, adicione o vinho da marinada, deixe ferver por 2 minutos e junte o caldo de carne, deixando cozinhar até a carne ficar macia. Deixe esfriar, desfie a carne grosseiramente, e passe o molho por uma peneira bem fina. Reserve a carne e o molho separados. Em uma forma de fundo falso (de 25 cm de diâmetro), untada, abra a massa, fure com o garfo e cubra o fundo com papel-alumínio, e grãos de feijão. Leve ao forno preaquecido para assar. Retire e reserve.

Cebolas Carameladas

Em uma panela, coloque a cebola, a manteiga, o mel, a água, sal, pimenta e deixe cozinhar tampada, em fogo baixo até secar. À parte, frite o bacon e coloque-o em papel absorvente.

Montagem

Forre o fundo da torta com as cebolas carameladas, e disponha a carne e o bacon. Decore com as sobras da massa, pincelando-as com a gema batida. Leve ao forno preaquecido médio, por 20 minutos, para aquecer. Aqueça o molho, adicione a manteiga e verifique o tempero, servindo-o em molheira à parte.

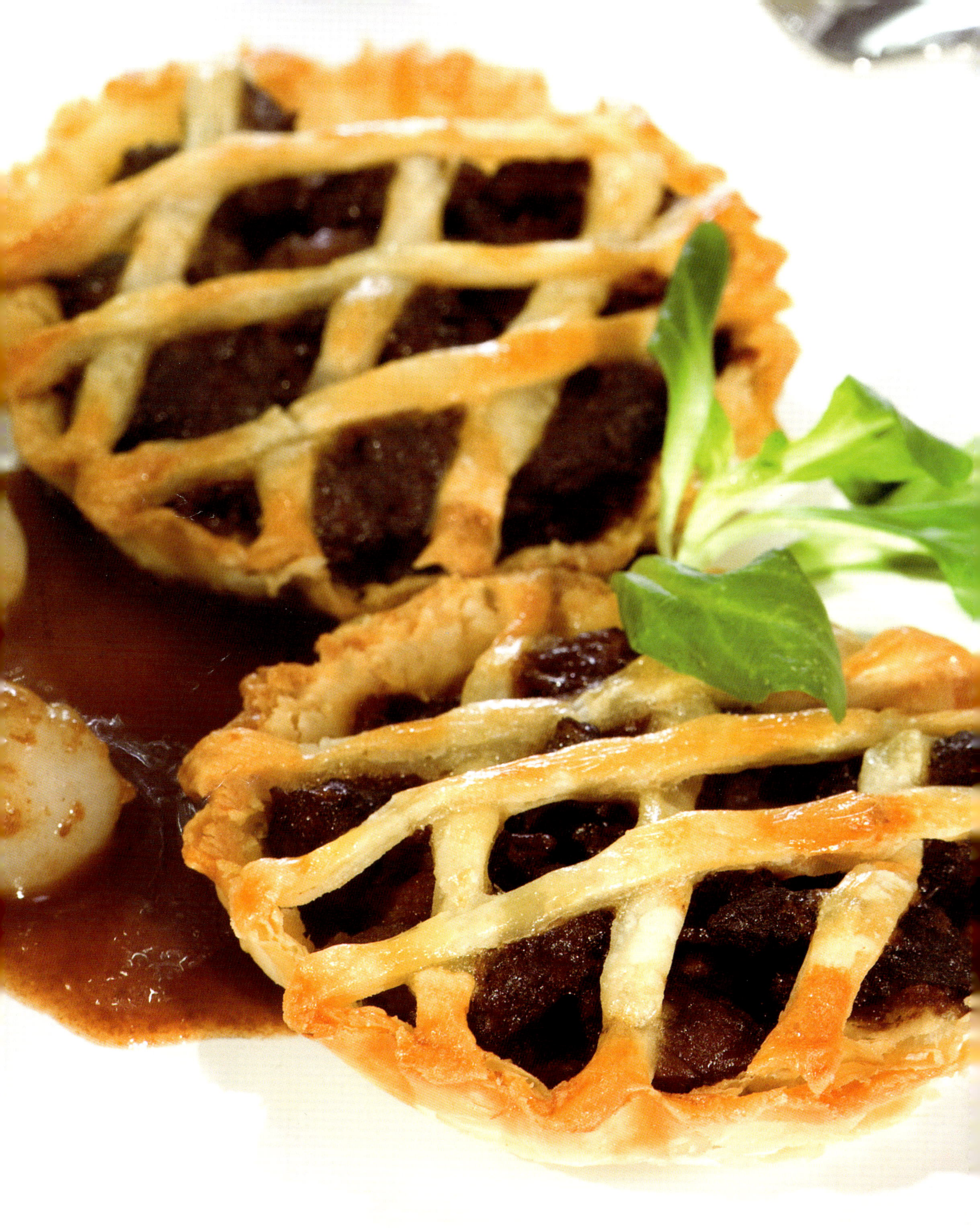

Créditos das fotos.

Págs. 04, 06, 08, 09, 10, 11, 13a, 19b, 21, 22, 23, 24, 25, 26, 27, 28, 29, 31, 32, 33, 34, 35, 36, 37, 47, 48, 49, 51, 52, 53, 56g, 57, 58, 62, 63, 64, 65, 67, 68, 69, 74, 75, 77, 78, 81, 83, 84, 85, 86, 87, 88, 89, 91, 92, 93, 94, 95, 96, 97, 100, 101, 102, 103, 105, 107, 109, 110, 111, 112, 113, 115, 117, 119, 121, 122, 123, 124, 125, 127, 129, 130, 131. – Shutterstock.

Págs. 132, 133, 135, 137, 139, 141, 143, 145, 147, 149, 151, 153, 155, 157, 159, 161, 163, 165, 167, 169, 171, 173. – Cristiano Lopes.

Pág. 12 – Bacco, de Michelangelo Merisi da Caravaggio - Wikipédia.

Pág. 13b - Vênus, Cupido, Bacco e Ceres, de Peter Paul Rubens - 1613.

Pág. 14 - La Jeunesse de Bacchus, de Adolphe William Bouguereau.

Pág. 16a - Dionysos Cup – Wikipédia.

Pág. 16b - The Marriage at Cana Decani – Wikipédia.

Pág. 18b - Le Déjeuner d'huîtres (Almoço com ostras) de Jean François de Troy – 1735.

Pág. 19a – Wikipédia.

Pág. 20a, 20b – Reproduções do livro "Porto, o Ouro do Douro".

Pág. 20c – Instituto Vinho do Porto.

Pág. 38 – Fonte Desconhecida.

Págs. 43, 44, 56, 66 - Reproduções de telas da Artista Plástica Yêdamaria.

Pág. 55a, b, c, d, e, f – Família Vicente, Quinta do Soque.

Pág. 59 – Fermentação da Touriga Nacional – Quinta do Mondego.

Peças e objetos das fotos págs. 132 a 173

Ritz - Aluguel de Material para Festa - tel.: (11) 3037-7755

CHÂTEAU
MARGAUX
2007
MASETTO
Barolo
PIO CESARE
ALBA - ITALIA
CARMEN
CHILE
Shiraz
DOMAINE MICHELOT
BOURGOGNE
"CLOS DE MONTMEIX"
CORDERO
MONTEZEMOLO
LANGHE
ARNEIS
2005
VIN D'ALSACE
APPELLATION ALSACE CONTRÔLÉE
KAEFFERKOPF
2004
Salzmann
BARBERA D'ALBA
DENOMINAZIONE D'ORIGINE CONTROLLATA
CARMEN
RESERVE
2002
CABERNET SAUVIGNON
VALLE DEL MAIPO
CHÂTEAU BERTHON
SAINT-ÉMILION GRAND CRU
1995
HAUT-MÉD
1959
ARCINS
Murgo
ETNA BIANCO
CHATEAU - FIGEAC
PREMIER GRAND CRÛ CLASSÉ
ST ÉMILION
1969
MIS EN BOUTEILLES AU CHÂTEAU
A. MANONCOURT PROPRE A ST ÉMILION (FRANCE)
Cru Bourgeois
CHÂTEAU DUPLESSIS
MOULIS EN MÉDOC
ERNST LOHMANN & CO., G. M. B. H.
BULLAY/MOSEL
Schloss Johannisberger
VIN FIN ET VELOUTÉ
Côtes du Roussillon
1988
MONTEPULCIANO
d'ABRUZZO
COLLINE TERAMANE
EMIDIO PEPE
TORANO NUOVO - TERAMO
VOLTEO
PRODUCT OF SPAIN
2011
VERDEJO
SAUVIGNON BLANC
1979
CHATEAU
ARTIGUES ARNAUD
PAUILLAC
BORDEAUX
Appellation Bordeaux Contrôlée
RAFAÈL
TOMMASI
Viticoltori
VALPOLICELLA
Classico Superiore
Santo Pecado
Malbec
2004
Ricardo Arjona
CHATEAU MOULINET
Pomerol
1992
MIS EN BOUTEILLE AU CHATEAU
Domaine Chiron
ANJOU ROUGE
Appellation Anjou Contrôlée
LINGENFELDER
2003
RIESLING
Fine Vieille
GRANDE
RESERVE
VIN
DES
DEUX FRÈRES
GRAND VIN DE BORDEAUX
2002
CHATEAU de SOU
BORDEAUX
ROSÉ
1969
PETRUS
POMEROL
Grand Vin
VIN DE SAVOIE
Appellation Vin de Savoie Contrôlée
CHARDONNAY
D.V. CAT
CABERNET - MAL
2007

McPole
2010
WALLA WALLA
CABERNET SAUVIGNON
Quinta do Seival
CASTAS PORTUGUESAS
Touriga Nacional
Tinta Roriz
Campanha · RS · Brazil
SEIVAL
750ml
Les Maurines
DOMAINE
2009
COTES DE PROVENCE
Cuvée du GRET
12,5%
750 ml
CROZES-HERMIT
APPELLATION CROZES-HERMITAGE CONTRÔLÉE
MIS EN BOUTEILLE A LA PROPRIÉTÉ
Cave de Tain l'Hermitage
André Brunel
2005
CHÂTEAUNEUF-DU-PAPE
APPELLATION CHÂTEAUNEUF-DU-PAPE CONTRÔLÉE
RECIOTO
DELLA VALPOLICELLA
DENOMINAZIONE DI ORIGINE CONTROLLATA
CLASSICO
BOLLA
PRODUCIDO Y EMBOTELLADO EN LA PROPIEDAD
JEAN LEON
PETIT CHARDONNAY
2000
PENEDÈS
TORRELAVIT - ESPAÑA
Jean León, S.L.
12,5% vol
CHÂTEAU LESQUERDE
2000
Castillo Gaucho
Cuvée spéciale
marie
cédric
12 septembre 2011
DOMAINE CHEVALI
2007
MOULIN-À-VEN
Fringe
14 years
NALLE
SONOMA COUNTY
DRY CREEK VALLEY
ZINFANDEL
1917
Château Trois Soeurs
CHARDONNAY
mise en bouteilles au chateau
12.5%
CALIFORNIA
MUSCATEL
ALCOHOL 20% BY VOLUME
J.R. SAMUELS
JACOBS VINEYARDS
CALIFORNIA 2004
PINOT BLANC
Joseph Burrier
POUILLY-FUISSÉ
"Vers Pouilly"
Château de Beauregard
Cà Lunga
Giacosa Fratelli
Hobson Estate
Cabernet Sauvignon
2009 VINTAGE
MONTEREY
BOLSA de COMERCIO de Mendoza
bonarda 2007
PRODUCTO DE ARGENTINA
Luce del Bosco
Colli Piacentini
DENOMINAZIONE DI ORIGINE CONTROLLATA
Ortrugo
75cl
2007
12,5% vol
COTES DU VENTOUX
MIS EN BOUTEILLE A LA PROPRIETE
QUERE
2007
DE FRANCE
GRAPPA DI
ARNEIS
VIGNETO RENESIO
PRODOTTA E IMBOTTIGLIATA DA
DISTILLERIA S. TERESA
dei F.LLI MAROLO s.r.l.
Alba - Fraz. Mussotto - Italia
50 cl
ITALIA - CNA 00021E
50% vol
Bardolino
Classico Superiore
1997
1967
RUNOTTO
Cantina S. Cassiano
VINO TIPICO DELLE LANGHE
Barolo
DENOMINAZIONE DI ORIGINE CONTROLLATA
ALBA
CHARDONNAY
produce of France
FOUNDED 1867
MEURSAULT GENEVRIÈRES
Premier Cru
FAIRVIEW
DARLING CHENIN BLANC
TOBELOS
2004
Rioja
Selections
1986
MERLOT
Vin de Pays du Gard
RED FRENCH TABLE WINE
1986
CHATEAU
BERANG
BORDEAU
MIS EN BOUTEILLE A LA P
GRAND VIN DE BORDEAUX
CHATEAU MERCIER
CÔTES DE BOURG
2000
MIS EN BOUTEILLE AU CHATEAU
75cl
12,5% vol
QUINTA
VALE D'AGODINHO
PORTO
TAWNY
PRODUCE OF PORTUGAL
19,5% vol
75cl
VOSNE-ROMAN
"BOSSIÈRES"
2001
13 % vol
DOMAINE JEAN GRIVOT
PRODUCE OF FRANCE
TARAPACA
EX ZAVALA
Cabernet Sauvignon
DOMAINE DUC DE MAGENTA
PREMIER CRU
CHASSAGNE-MONTRACHET
"MORGEOT"
MONOPOLE CLOS DE LA CHAPELLE
APPELLATION CONTROLEE
CHAMPAGNE
HENRIOT
MILLÉSIMÉ
1998
BRUT
PRIDE of CALIFORNIA
TWO STAR
MELLOW SHERRY
ALCOHOL 20% BY VOLUME
JAMES BUSBY